Al-Alif

Premiers pas en arabe

Fichiers audio à télécharger

initiation

2e édition revue et complétée

الأَلِف

- Texte arabe entièrement vocalisé
- 26 tests de niveau

César Sakr

ellipses

Du même auteur :

- César Sakr, John Jayet et Yves de France, *Entre steppe et oasis*, Paris, L'Harmattan, 2017, 104 pages.
- César Sakr, Corine Paria, Issam Yagoubi, Ludivine Martel et Denis Gantier, *Al-Journal. Syntaxe de l'arabe de presse*, Beyrouth, Hachette – Antoine, 2017, 192 pages.
- César Sakr, *Al-Alif. Premiers pas en arabe*, Paris, Ellipses, 2013, 256 pages.
- César Sakr et Éric Baldecchi, *An-Najm. 100 clés pour lire et comprendre la presse arabe*, Paris, Ellipses, 2011, 283 pages.

L'auteur tient à remercier son collègue M. Thomas GRASSER pour sa contribution aux tests de niveau proposés au lecteur dans cette nouvelle édition de l'ouvrage. Il remercie également ses étudiants civils et militaires qui, par leurs remarques avisées, lui ont permis d'améliorer significativement cette nouvelle édition d'al-Alif.

Fichiers audio à télécharger gratuitement
sur le site **www.editions-ellipses.fr**

César Sakr enseigne l'arabe depuis 1984 à l'École militaire à Paris.

ISBN 9782340-028357
©Ellipses Édition Marketing S.A., 2018
32, rue Bargue 75740 Paris cedex 15

www.editions-ellipses.fr

En mémoire de

Fouad K. SAKR

(1933 – 2017)

إِلى

روحِ عَمّي

فُـؤاد قَـيْصَر صَـقْر

Note au lecteur

Voici, lecteur, votre premier compagnon de voyage dans le vaste pays dont la langue et la culture sont arabes.

Vous y apprendrez à tracer de très belles lettres et à prononcer les sons dont certains vous paraîtront – à juste titre – très gutturaux.

Peu à peu, vous reconnaîtrez les mots et en comprendrez le sens. Vous glanerez ainsi un vocabulaire de base qui vous sera très utile pour la suite du voyage.

Vous vous familiariserez également avec la conjugaison du verbe arabe et découvrirez les structures de base de la phrase arabe.

D'ailleurs, très vite, vous formerez vos propres phrases.

Car rares sont les pages de ce livre qui ne comportent pas un exercice où vous serez mis à contribution. L'apprentissage, par définition, est chose active.

Vous apprendrez enfin comment une préposition, un nom, un verbe, une structure de phrase renvoient à des notions culturelles profondément ancrées dans les sociétés arabophones. Apprendre une langue, c'est aussi apprendre le peuple qui la parle, sa vision du monde, sa philosophie.

Or, en arabe, rien n'est neutre. Chaque mot, chaque type de phrase est révélateur de la société arabe et de la manière dont les Arabes conçoivent le monde.

Quel rapport, par exemple, entre *jihad* et *hijab* ? Car voici deux noms qui sont passés dans notre français d'aujourd'hui. Or, chacun de ces noms est fait de cinq lettres dont la 1re, la 3e et la 5e sont des consonnes ; en revanche, la 2e lettre est la voyelle « i » et la 4e lettre est la voyelle « a ». Chaque nom arabe construit sur ce modèle (3 consonnes où s'intercalent le « i » puis le « a ») évoque un conflit. Le *jihad* est le conflit qui oppose le croyant à l'ennemi intérieur (le démon) ou extérieur (l'envahisseur). Le *hijab*, quant à lui, est le conflit qui oppose la croyante à l'indiscret, et ce n'est que plus tard que le *hijab* prit le sens du voile qui protège de cet indiscret.

C'est cette langue éminemment structurée, lecteur, que vous apprendrez. Et, parce qu'elle est si structurée, votre esprit cartésien y trouvera largement son compte.

Par ailleurs, vous ne l'apprendrez ici que dans son rapport au monde qu'elle décrit à sa manière. Là, votre curiosité intellectuelle y trouvera aussi son compte, ainsi que votre goût pour le voyage.

La posologie, enfin : une page par jour, au moins. Et bonne route !

César Sakr

Logos et modes d'emploi

= Téléchargez sur le site des Éditions Ellipses un fichier audio avant de faire l'exercice.

Chaque fichier audio comporte des plages de silence pour que vous puissiez **répéter les sons** que vous entendez.

À partir du fichier audio n° 10, il vous est conseillé de prendre en **dictée** la totalité du fichier sur une feuille libre. Si vous notez des erreurs, refaites la dictée (un autre jour) jusqu'à ce qu'elle soit tout à fait correcte.

269 = Pour **tester votre niveau**, comparez vos réponses au corrigé de l'exercice qui vous est fourni à la page indiquée sous le logo. En cas d'erreur, refaites l'exercice. Comme pour la dictée, l'erreur n'est pas tolérée dans *al-Alif*. La notion n'est jugée acquise que si toutes vos réponses sont correctes.

Séquence 1 : Premier trait

Choisissons, pour nous exercer à l'écriture, le papier à carreaux d'un demi-centimètre de côté. Traçons ensuite une **flèche**, à droite de la page, dans le sens droite – gauche. En effet, *l'arabe s'écrit de droite à gauche* :

Traçons ensuite du haut vers le bas une voyelle de l'alphabet, le « A long » :

En caractère imprimé, cette lettre se présente ainsi :

ا

On appellera cette voyelle « A long » parce qu'elle est :

- Longue par la forme : elle s'écrit comme une barre verticale de deux carreaux au-dessus de la ligne ;
- Longue, aussi, par le son : elle se prononce comme deux « a » successifs et ininterrompus.

Écrivez

Remplissez la ligne avec des « A longs », en veillant à les tracer de haut en bas :

Cette voyelle s'appelle « alif », comme le titre de l'ouvrage !

Séquence 2 : Deuxième lettre

La 2e lettre est la consonne « B » qui a la forme d'une barque, avec un point en dessous. La « barque », étalée horizontalement sur deux carreaux, est au-dessus de la ligne ; mais le point est en dessous. Ci-après les quatre temps de son écriture :

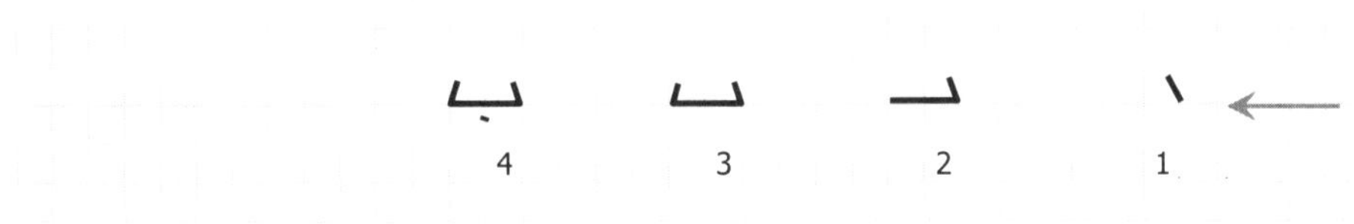

Et, en caractère imprimé :

ب

En comparant le caractère imprimé à celui que nous venons de tracer, vous notez que le caractère imprimé est moins anguleux. C'est cette graphie plus ronde et plus élégante qu'il faudra imiter.

L'écriture anguleuse du haut de la page est tout simplement une manière pédagogique de décomposer la lettre en un minimum de traits pour vous en faciliter l'apprentissage. Mais c'est l'écriture ronde qui est l'objectif à atteindre !

Règle graphique

Je trace la lettre selon la succession des traits détaillée dans la grille figurant en haut de cette page, mais je tente d'arrondir les angles à la manière de la grille ci-dessous.

Agrandissons les caractères pour mieux illustrer cet élégant tracé rond des lettres :

ا ب

Insérons maintenant ce tracé rond dans notre papier à carreaux :

ا ب ا ب ا ب ا ب

C'est ce tracé arrondi qu'il vous faut imiter, sans oublier pour autant que votre lettre « B » est une barque qui s'étire sur deux carreaux, au-dessus de la ligne de référence. Seul son point est au-dessous de cette ligne de référence.

Séquence 3 : Exercice d'écriture

Rappelez-vous que le « A long (alif) » est une barre verticale de deux carreaux au-dessus de la ligne de référence, et que le « B » est une barque qui s'étire sur deux carreaux au-dessus de la ligne de référence, tandis que son point vient au milieu du tracé de la barque, sous la ligne de référence.

Écrivez

Alternez les « A longs » et les « B » en respectant les proportions des lettres :

← ا ب

Même exercice. Tentez maintenant d'arrondir les angles :

← ا ب ا ب ا ب ا ب

←

←

←

←

←

Séquence 4 : La syllabe

Pour former la syllabe « BA », je commence par tracer la lettre « B » et, sitôt arrivé à la ligne de référence définie par ma **flèche**, je m'arrête :

C'est tout ce qui restera du corps du « B », c'est-à-dire de la « barque ». Il me faut alors placer le point du « B », qui apparaîtra sous ce qui reste du corps du « B » :

C'est tout ce qui reste du « B » : son début et son point. Puis je trace, sur la ligne de référence, un **connecteur** long d'une case :

Il ne nous reste plus qu'à tracer le « A », au bout du connecteur :

Nous venons d'écrire la syllabe « BA » qui donne, en caractère imprimé, ceci :

ب + ا = بـا

Règle graphique

Je veux écrire une syllabe en arabe. Je commence par tracer la première lettre et, une fois la ligne de référence atteinte, je sacrifie ce qui reste de la lettre ; je trace ensuite le connecteur et enchaîne sur la lettre suivante.

En réalité, je trace la 1re lettre, le connecteur et la 2e lettre *sans lever le crayon*. C'est donc le point du « B », dans notre exemple, que je tracerai en dernier. *On trace donc les corps des lettres et les connecteurs avant de compléter avec les points.*

Séquence 5 : Premiers mots

La première voyelle de l'alphabet arabe est aussi la première exception : le « A long », en effet, ne se connecte pas aux lettres qui le suivent dans le mot. Ainsi, dans le mot arabe qui signifie « porte », le « A long » n'est pas connecté au « B » qui le suit :

بـا ب = *porte*

De même :

بـا بـا = *papa, pape*

باب ، بابا ←

Notez que la virgule arabe, entre les deux mots, est tournée vers le haut. Faites la pointe de la virgule sur la ligne puis remontez :

، ، ، ،

Écrivez

Exercez-vous à écrire, en arabe, « porte » et « papa » plusieurs fois, en les séparant par la virgule. N'oubliez pas de tracer la flèche avant même d'écrire vos mots ; n'oubliez pas non plus d'arrondir les angles :

باب ، بابا ←

Même exercice, sans les carreaux :

بـا ب　　　بـا بـا

بـا ب　　　بـا بـا

Séquence 6 : Voyelles brèves

L'arabe possède, outre son « A long », un « a bref » qui s'écrit comme un accent au-dessus de la consonne et qui se prononce exactement comme le « A long », sauf qu'il est bien plus bref. Ainsi :

بَ

Nous avons, en arabe, 3 voyelles brèves :

بَ ba — بُ bou — بِ bi

Ainsi :

ـَ (« a » bref) — ـُ (« ou » bref) — ـِ (« i » bref)

Quand la consonne ne porte aucune voyelle brève, elle sera surmontée par un « zéro » voyelle :

ـْ (absence de voyelle)

Voici donc les quatre signes de l'arabe qui accompagnent les consonnes :

ـَ (« a » bref) — ـُ (« ou » bref) — ـِ (« i » bref) — ـْ (absence de voyelle)

Traduisez

باب = — بابا =

Écoutez et répétez

Fichier son 01

بَ — با — بُ — بِ — باب — بابا

بُ — بابُ — بابَ — بابِ — بابا

Séquence 7 : La consonne « T »

Semblable au « B », la 3e lettre n'en diffère que par les points. En effet, le « T » a la même forme que le « B », sauf qu'il s'en distingue par deux points au-dessus :

← تـ

ت

تَ تُ تِ

ت + ا = تـا

بـا تـا = *Bata (marque de chaussures)*

Écrivez

Exercez-vous à écrire, en arabe, « A long » tout seul, « T+a bref », « T+A long », « T+ou bref », « T+i bref », « *porte* », « *papa* » et « *Bata* » plusieurs fois. N'oubliez pas de tracer la flèche avant même d'écrire vos mots et d'arrondir les angles :

Même exercice, sans les carreaux. Recopiez à côté de chaque syllabe ou mot :

ا　　تَ　　تُ　　تِ

بَ　　بـا　　تـا　　بـا ب

بُ　　بِ　　تَ　　بـا بـا

تُ　　تِ　　بـا　　بـا تـا

Séquence 8 : Une belle grecque

Semblable au « B » et au « T », la consonne suivante de l'alphabet arabe est un « ç » interdental. Prononcez le « s » ou le « ç » tout en coinçant la langue entre les dents. C'est l'équivalent phonétique de la « θ » de l'alphabet grec. Cette consonne est la troisième barque de l'alphabet arabe, surmontée de trois points en triangle :

ث ←

ث

ثَ ثُ ثِ

ث + ا = ثـا

ثَـبـا ت = *stabilité*

Corrigé de l'exercice de la séquence 7

Dans la **séquence 7**, vous vous êtes exercés à écrire des syllabes et des mots. Vérifiez ici que votre écriture est correcte (et arrondie) :

← ا ، تَ ، تا ، تُ ، تِ ،

← باب ، بابا ، باتا

Traduisez

بـا بـا ____________ ثَـبـا ت ____________

بـا تـا ____________ بـا ب ____________

Séquence 9 : Consonne puis voyelle

Vous avez certainement constaté que la voyelle brève est légèrement décalée par rapport à sa consonne. Elle est légèrement à gauche de la consonne, pour la simple raison qu'elle se prononce après la consonne :

bi بِ bou بُ ba بَ

Nous connaissons 4 lettres. Dans l'ordre (c'est-à-dire de droite à gauche) :

ا ، ب ، ت ، ث

Écrivez

Exercez-vous à écrire, en arabe, « θ+a bref », « θ+ou bref », « θ+i bref », « θ+A long », « *stabilité* ». N'oubliez pas de tracer la flèche avant même d'écrire vos mots :

Vérifiez ici que votre écriture est correcte :

ثَ ، ثُ ، ثِ ، ثا ، ثَبات

Notez que la virgule commence sur la ligne de référence et est pointée vers le haut. Notez aussi qu'une voyelle brève est à la gauche de la consonne qu'elle accompagne, puisqu'elle se prononce **après** ladite consonne.

Écoutez et répétez

Fichier son 02

بـا ب بـا بـا بـا تـا ثَـبـا ت

Séquence 10 : La consonne « J »

Nous venons de voir la triade des « barques », à savoir trois consonnes qui ont exactement la même forme et ne diffèrent que par les points :

ب ت ث

Voici maintenant une nouvelle triade de lettres qui, dans l'alphabet arabe, ne diffèrent que par les points :

ج ح خ

Comment tracer la première de ces (belles) lettres ? En quatre temps :

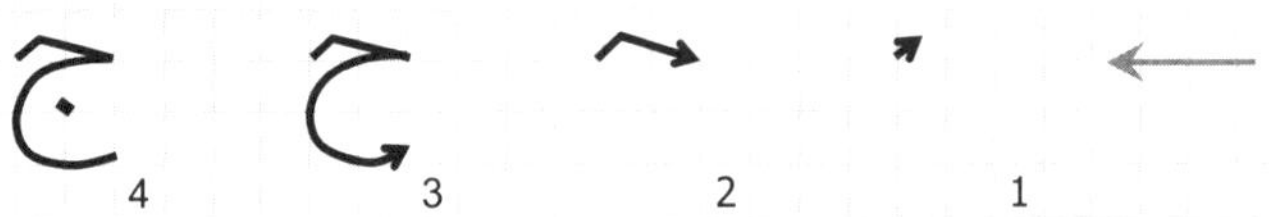

Cette lettre se prononce comme le « J » français. Aucune difficulté à la prononciation :

Notez que le point est sous la ligne de référence

ج

جَ جُ جِ

ج + ا = جـا

تـاج = *couronne*

Comment s'appelle le mausolée musulman de l'Inde dont le nom commence par notre تـاج ? Réponse (en français) : __________ __________ .

269

Traduisez

بـاتـا = ____________ بـاب = ____________

بـابـا = ____________ تـاج = ____________

ثَـبـات = ____________

Vérifiez vos réponses en page 269 !

Séquence 11 : Exercice d'écriture

Avant d'écrire un mot, n'oubliez pas de tracer de droite à gauche la flèche qui définit votre ligne de référence.

Connectez les lettres du mot et traduisez-le

couronne	تاج ←	ت ا ج
____________		ب ا ب
____________		ثَ ب ا ت
____________		ب ا ت ا
____________		ب ا ب ا
____________		ت ا ج

Vérifiez maintenant votre écriture :

← تاج ، باب ، ثَبات ، باتا ، بابا

Séquence 12 : Le soupir

La consonne suivante est un soupir, une simple sortie d'air du fond de la gorge, sans vibration des cordes vocales. Elle s'écrit comme le « J » de la séquence précédente, mais sans point :

ح

حَ حُ حِ

ح + ا = حا

حَجَبَ = *il dissimula, il cacha* — بَحَثَ = *il rechercha*

Écoutez et répétez

Fichier son 03

حَجَبَ حَجَبْتَ بَحَثَ بَحَثْتَ

Conjuguez

L'arabe distingue le verbe d'action du verbe de changement d'état. Exemples de verbes d'action : « cacher, rechercher, attirer, manger, frapper, danser, aller... ». Exemples de verbes de changement d'état : « se mettre en colère (après avoir été serein), se réjouir (après avoir été triste), être au courant (après avoir ignoré)... ».

Le verbe d'action, à la voix active, porte un « a bref » sur sa 2e consonne :

حَجَبَ *il dissimula, il cacha*

À la voix passive, seules les deux premières voyelles brèves changeront ; la troisième voyelle brève, ainsi que les trois consonnes, ne varient pas :

حُجِبَ *il fut dissimulé, il fut caché*

Le verbe بَحَثَ signifie *il rechercha.*

Comment dit-on : *il fut recherché* ? Réponse : ____________________

Séquence 13 : Exercice d'écriture

Rappel : avant d'écrire un mot, n'oubliez pas de tracer de droite à gauche la flèche qui définit votre ligne de référence.

Connectez les lettres du mot et traduisez-le

ت ا ج ← __________

حَ جَ بَ __________

ثَ ب ا ت *stabilité*

بَ حَ ثَ __________

حُ جِ بَ __________

بُ حِ ثَ __________

Vérifiez maintenant votre écriture : avez-vous arrondi les angles ?

← حَجَبَ بَحَثَ حُجِبَ بُحِثَ

Séquence 14 : Une belle espagnole

La troisième consonne de cette triade s'écrit comme ses deux sœurs, à la différence près que son point est au-dessus de la lettre :

خ

خَ خُ خِ

خ + ا = خـا

خُبْث = *hypocrisie*

Écoutez et répétez

Pour ceux qui pratiquent l'espagnol ou l'allemand, cette consonne est facile à prononcer : c'est la « Jota » espagnole ou le « ch » allemand de « Achtung ». Pour les autres, voici la prononciation de cette consonne gutturale :

Fichier son 04

ا بَ تُ ثِ جَ حُ خِ خَ خُ خُبْث

بـا تـا ثـا جـا حـا خـا خُبْث

Traduisez

____________	خُبْث	____________	بُحِث
____________	بـابـا	____________	بـاب
____________	ثَبـات	____________	تـاج
____________	بَحَث	____________	حُجِب
____________	بـاتـا	____________	حَجَب

Bientôt, vous traduirez du français vers l'arabe !

Séquence 15 : Exercice d'écriture

Rappel : avant d'écrire un mot, n'oubliez pas de tracer de droite à gauche la flèche qui définit votre ligne de référence.

Connectez les lettres du mot et traduisez-le

خُ بْ ث ⟵ ____________

حُ جِ بَ ____________

حَ جَ بَ ____________

بُ حِ ثَ ____________

ب ا ب *porte*

بَ حَ ثَ ____________

Vérifiez maintenant votre écriture : avez-vous arrondi les angles ?

⟵ خُبْث حُجِبَ حَجَبَ بُحِثَ

Séquence 16 : La consonne « D »

Nous savons que le « A long » ne se connecte pas à la lettre qui le suit dans le mot. De même, la consonne « D » ne se connecte pas à ce qui la suit. Ce « D » arabe est un triangle incomplet inscrit dans un carreau. On commence par le sommet du triangle, puis on va vers le bas et vers la droite en même temps, jusqu'à la ligne ; là, on suit la ligne vers la gauche pour tracer la base du triangle, puis l'on remonte un peu pour indiquer que la lettre ne se connecte pas à ce qui va la suivre dans le mot :

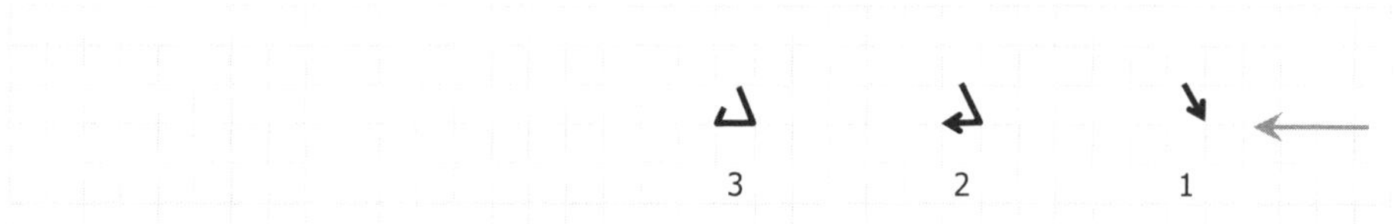

On n'est pas bien loin de la lettre grecque Δ (delta) ! Même prononciation et quasiment même graphie !

Écoutez et répétez

Fichier son 05

دَ دُ دِ دَب دا دُب

جَدَ حُدُ خِدِ تَد بُد حَدَثَ

Enrichissez votre vocabulaire

- La préposition تَحْتَ = *sous, en dessous* ;
- Le verbe d'action حَدَثَ = *il survint, il eut lieu.* [Se dit d'un événement].

Rappel de la règle graphique

Je veux écrire une syllabe en arabe. Je commence par tracer la première lettre et, une fois la ligne de référence atteinte, je sacrifie ce qui reste de la lettre ; je trace ensuite le connecteur et enchaîne sur la lettre suivante. Ensuite, je complète avec les points des consonnes, quand il y en a, et les voyelles brèves.

Le « A long (alif) » est une exception : il ne se connecte pas **à ce qui le suit** dans le mot (revoir **séquence 5**). Le « D » arabe ne se connecte pas non plus **à ce qui le suit** dans le mot. C'est notre deuxième exception.

Séquence 17 : Conjuguer et traduire

Pour dire *elle eut lieu, elle survint*, il suffit d'ajouter تْ à la fin du verbe. Ainsi :

Elle survint	=	حَدَثَتْ	← *Il survint*	=	حَدَثَ
Elle cacha	=	حَجَبَتْ	*Il dissimula*	=	حَجَبَ
Elle rechercha	=	بَحَثَتْ	*Il rechercha*	=	بَحَثَ

Conjuguez

Il cacha ____________________ *Il fut dissimilé* ______________

Il rechercha ____________________ *Elle fut recherchée* ______________

Traduisez

______________	حُجِبَ	______________	باتا
______________	بُحِثَ	______________	خُبْث
______________	حَدَثَ	______________	باب
______________	حَجَبَ	______________	بابا
______________	بَحَثَ	______________	تاج
______________	حَدَثَتْ	______________	ثَبات
______________	حَجَبَتْ	______________	تَحْتَ
______________	بُحِثَتْ	______________	بَحَثَتْ

Pour traduire ce mot, revoir la **séquence 12** (voix passive).

Séquence 18 : Une belle anglaise

Semblable au « D » mais surmonté d'un point, voici le « Z » interdental (que l'on prononce en coinçant la langue entre les dents).

Écoutez et répétez

Fichier son 06

ذَ ذُ ذِ ذَب ذا جَذَبَ

Et, comme le « D », ce « Z » interdental ne se connecte pas à la lettre qui le suit, ce qui nous fait trois lettres qui ne se connectent pas à ce qui les suit dans le mot :

باب	*porte*	حَدَثَ	*il survint*	جَذَبَ	*[l'aimant] attira*

Nouveau verbe d'action

جَذَبَ	*il [l'aimant] attira*	جُذِبَ	*il fut attiré [par un aimant]*
جَذَبَتْ	*elle attira*	جُذِبَتْ	*elle fut attirée [par l'aimant]*

Revoyons nos verbes d'action :

حَدَثَ	*Il survint*	حَدَثَتْ	*Elle survint*
حَجَبَ	*Il cacha*	حَجَبَتْ	*Elle dissimula*
بَحَثَ	*Il rechercha*	بَحَثَتْ	*Elle rechercha*
جَذَبَ	*Il [l'aimant] attira*	جَذَبَتْ	*Elle attira*

Revoyons notre vocabulaire

باب	*porte*	بابا	*pape, papa*
خُبْث	*hypocrisie*	ثَبات	*stabilité*
تاج	*couronne*	تَحْتَ	*sous*

Séquence 19 : Le verbe au féminin

Pour vous rappeler comment mettre un verbe au féminin, revoyez la **séquence 17**. Puis mettez au féminin les verbes suivants :

بَحَثَ ____________ جَذَبَ ____________

حَدَثَ ____________ حَجَبَ ____________

Traduisez

تَحْتَ ____________ باب ____________

ثَبات ____________ خُبْث ____________

تاج ____________ بابا ____________

Mettez à la voix passive

بَحَثَ ____________ جَذَبَ ____________

بَحَثَتْ ____________ حَجَبَ ____________

حَجَبَتْ ____________ جَذَبَتْ ____________

269

Traduisez

Elle fut dissimulée ____________ *Papa, pape* ____________

Il cacha ____________ *Elle survint* ____________

[L'aimant] attira ____________ *Sous* ____________

Elle rechercha ____________ *Porte* ____________

Elle dissimula ____________ *Hypocrisie* ____________

Séquence 20 : Celui qui fait

Il cacha = حَجَبَ . *Celui qui cache* = حاجِب . De même :

Nom d'agent	←	**Verbe**
باحِث		بَحَثَ
Celui qui cherche		*Il chercha*
جاذِب		جَذَبَ
Ce qui attire		*Il [l'aimant] attira*
حادِث		حَدَثَ
Ce qui survient		*Il survint, il eut lieu*
حاجِب		حَجَبَ
Celui qui cache		*Il dissimula*

Le nom d'agent (appelé encore « participe actif ») est celui qui fait l'action exprimée par le verbe. Ainsi :

باحِث est *celui qui cherche*. C'est donc le participe présent *cherchant* ou le nom *chercheur*.

جاذِب est *ce qui attire*. C'est donc le participe présent *attirant* (comme un aimant) ou l'adjectif *magnétique, attractif*.

حادِث est *ce qui survient*. C'est donc le participe présent *survenant, ayant lieu* ou le nom *événement, accident*.

حاجِب est *celui qui dissimule*. C'est donc le participe présent *dissimulant* ou le nom *sourcil* (qui cache le regard) / *chambellan* (qui cache le roi ou le prince).

Traduisez

Couronne _______________ *Stabilité* _______________

Séquence 21 : Le verbe d'action

Nous connaissons déjà trois verbes d'action :

حَجَبَ *il cacha, il dissimula*

بَحَثَ *il rechercha*

جَذَبَ *il attira* [se dit d'un aimant, d'un champ magnétique]

Complétez le tableau et traduisez

حَجَبَ	حُجِبَ	حَجَبَتْ	حُجِبَتْ	حاجِب
il cacha	*il fut caché*	*elle cacha*	*elle fut cachée*	*cachant*

بَحَثَتْ

elle rechercha

جَذَبَ

[l'aimant] attira

Conjuguez

Elle dissimula ____________ *Elle fut cachée* ____________

Elle rechercha ____________ *Elle fut recherchée* ____________

Traduisez

بَحَثَ ____________ جَذَبَ ____________

حَدَثَ ____________ حَجَبَ ____________

بَحَثَتْ ____________ جَذَبَتْ ____________

حَدَثَتْ ____________ حَجَبَتْ ____________

Séquence 22 : Révision de l'alphabet

Nous avons déjà découvert neuf lettres :

ا ب ت ث ج ح خ د ذ

De ces neuf lettres, trois ne se connectent pas à ce qui les suit à l'intérieur du même mot. Lesquelles ?

Votre réponse : ____________________

Écoutez et répétez

Fichier son 07

باب ، بابا ، باتا ، ثَبات ، تاج ،

جَذَبَ ، حَجَبَ ، حاجِب ، بَحَث ،

باحِث ، تَحْت ، خُبْث .

Enrichissez votre vocabulaire

دَجاج — *l'espèce « poule »*

ذُباب — *l'espèce « mouche »*

حاجِب — *sourcil / chambellan*

Revoyons notre vocabulaire

خُبْث	*hypocrisie*	ثَبات	*stabilité*
تاج	*couronne*	تَحْت	*sous*
باب	*porte*	دَجاج	*poulet*
باحِث	*chercheur*	بابا	*papa, pape*

Séquence 23 : Révision du vocabulaire

Pour fixer le vocabulaire de manière indélébile, il vous est demandé de le lire et de le traduire sans cesse, comme dans cet exercice :

بَحَثَ	________	جَذَبَ	________
حَدَثَ	________	حَجَبَ	________
بَحَثَتْ	________	جَذَبَتْ	________
حَدَثَتْ	________	حَجَبَتْ	________
بَاحِث	________	جَاذِب	________
حَادِث	________	حَاجِب	________
بُحِثَ	________	جُذِبَ	________
جُذِبَتْ	________	حُجِبَتْ	________
تَاج	________	بَابَا	________
ثَبَات	________	تَحْتَ	________
بَاب	________	خُبْث	________
دَجَاج	________	ذُبَاب	________
بُحِثَتْ	________	حُجِبَ	________

Traduisez vers l'arabe

Dissimulant ________ *Attirant* ________

Cherchant ________ *Survenant* ________

Séquence 24 : Une belle italienne

La lettre suivante dans l'alphabet arabe a la forme d'un quart de cercle, sous la ligne de référence :

En caractère imprimé, cela donne :

ر

C'est le « R » roulé des Italiens, des Berrichons et des Arabes !

Comme cette lettre finit sous la ligne, elle ne se connecte pas à ce qui la suit dans le mot. Voilà qui nous fait quatre lettres qui ne se connectent pas aux suivantes :

ا د ذ ر

Illustrons cette nouvelle consonne avec quelques mots :

جَـبْـر	*algèbre*	تُـرا ب	*tourbe, terreau*
د ا ر	*demeure*	حَـرْ ب	*guerre*

Écoutez et répétez

Fichier son 08

رَ رُ رِ جَـبْـر تُـرا ب د ا ر حَـرْ ب

Algèbre *Terreau* *Demeure* *Guerre*

Traduisez

Accident _______________ *Survenant* _______________

Demeure _______________ *Algèbre* _______________

Séquence 25 : Exercice de traduction

Il est plus difficile de traduire du français vers l'arabe. C'est ce qui vous est demandé ici. Vérifiez vos réponses avec le lexique (en fin d'ouvrage) :

Elle rechercha	______________	*Il dissimula, cacha*	______________
Elle fut recherchée	______________	*Espèce « mouche »*	______________
Cachant	______________	*Hypocrisie*	______________
Chercheur	______________	*Cherchant*	______________
Il rechercha	______________	*Espèce « poule »*	______________
Il fut recherché	______________	*Sous*	______________
Elle survint	______________	*Stabilité*	______________
Elle cacha	______________	*Pape*	______________
Il survint	______________	*Porte*	______________
Il fut dissimulé	______________	*Couronne*	______________
Survenant	______________	*Événement*	______________
Chambellan	______________	*Accident*	______________
Magnétique	______________	*Papa*	______________
Sourcil	______________	*Elle fut cachée*	______________
Attractif	______________	*Elle fut attirée*	______________
Elle attira	______________	*Guerre*	______________

Séquence 26 : Le verbe de changement d'état

Nous savons déjà qu'à la voix active, un verbe d'action porte un « a bref » sur sa 2e consonne :

il attira جَـذَبَ *il survint* حَـدَثَ *il cacha* حَـجَـبَ

Ce type de verbe (avec « a bref » sur la 2e consonne) exprime une action. Il existe en arabe un autre type de verbe, celui qui exprime un changement d'état passager. En effet, « se mettre en colère, se réjouir… » sont des verbes qui n'expriment pas une action mais un changement d'humeur ; de même que « s'assécher » n'exprime pas une action mais un changement d'état physique. On reconnaît le verbe de changement d'état (moral ou physique) à la voyelle brève « i » de sa 2e consonne :

il gagna (temporairement) رَبِـحَ

La langue arabe nous rappelle par cette astuce que « gagner » n'est jamais acquis, que l'on peut être gagnant un jour et perdant le lendemain : le gain, le succès, la victoire… sont choses passagères. Et le verbe « gagner », en arabe, n'exprime qu'un changement de fortune favorable mais – hélas – passager.

Conjuguons ce verbe au féminin :

elle gagna (temporairement) رَبِـحَـتْ

Celui qui gagne se dira :

gagnant رَابِـح

Nous connaissons déjà cinq verbes arabes :

حَـجَـبَ ، حَـدَثَ ، جَـذَبَ ، بَـحَـثَ ، رَبِـحَ

il dissimula *il survint* *il attira* *il rechercha* *il gagna*

Conjuguez

Comment direz-vous :

Il (par exemple le gros lot) fut gagné ______________

Elle (par exemple une fortune) fut gagnée ______________

(Pour répondre correctement à cette question, inspirez-vous de la construction de la voix passive que nous avons vue en **séquences 12 & 17**).

Séquence 27 : Exercice d'écriture

Rappel : avant d'écrire un mot, n'oubliez pas de tracer de droite à gauche la flèche qui définit votre ligne de référence. N'oubliez pas non plus d'arrondir les angles :

Connectez les lettres du mot et traduisez-le

دَ ج ا ج ←	________
ذُ ب ا ب	________
جَ بْ ر	*algèbre*
رَ بِ حَ تْ	________
جَ ذَ بَ تْ	________
ح ا دِ ث	________

Vérifiez maintenant votre écriture :

دَ جـــا ج　　ذُ بـــا ب　　جَــبْــر

رَ بِــحَــتْ　　جَــذَ بَــتْ　　حـــا دِ ث

Séquence 28 : La consonne « Z »

Autre lettre ayant la même forme que le « R roulé », mais avec un point au dessus : c'est le « Z » français, qui ne se connecte pas non plus à ce qui le suit dans le mot.

ز

Voici maintenant les cinq lettres de l'arabe qui, dans un même mot, ne se connectent pas à celles qui les suivent :

ا د ذ ر ز

Et voici les onze lettres que nous connaissons déjà :

ا ب ت ث ج ح خ د ذ ر ز

Nouveau vocabulaire :

جَـــزَر	*espèce « carotte »*	حِـــزْب	*parti (politique)*
خُـــبْـــز	*pain*	بـــا ز ا ر	*bazar, souk*

Revoyons le vocabulaire

د ا ر	*demeure, maison*	حَـــرْب	*guerre*
جَـــبْـــر	*algèbre*	تَـــحْـــت	*sous*
دَ جـــا ج	*espèce « poule »*	تُـــر ا ب	*terreau*
حـــا دِ ث	*événement*	تـــا ج	*couronne*
بـــا حِـــث	*chercheur*	بـــا ب	*porte*
ذُ بـــا ب	*espèce « mouche »*	خُـــبْـــز	*pain*
جَـــزَر	*espèce « carotte »*	حِـــزْب	*parti*
بـــا ز ا ر	*bazar, souk*	حـــا جِـــب	*sourcil*

Séquence 29 : Tableau des verbes et des noms

📖 **269**

En **séquence 21**, nous avons entraperçu un tableau où figurent les verbes et les noms. En voici un autre, plus conséquent, qu'il vous est demandé de compléter :

حاجِب	________	حَجَبَتْ	________	حَجَبَ
________	*elle fut cachée*	________	*il fut caché*	________
________	________	________	بُحِثَ	________
________	________	*elle rechercha*	________	________
________	________	جَذَبَتْ	________	________
magnétique	________	________	________	________
________	رُبِحَتْ	________	________	________
________	________	________	________	*il gagna*

Traduisez

________	بابا	________	باب
________	تَحْت	________	خُبْث
________	تاج	________	تُراب
________	جَبْر	________	ثَبات
________	دَجاج	________	حاجِب
________	ذُباب	________	دار
________	حَرْب	________	رَبِح

Séquence 30 : Révision

1. La 1re voyelle de l'alphabet arabe est aussi la première exception : le « A long » ne se connecte pas aux lettres qui le suivent dans le mot. Ainsi, « *porte* » :

بـــا ب

2. Les trois lettres suivantes sont des « barques » : de même forme générale, elles ne diffèrent que par les points ; un point inférieur pour le « B », deux points supérieurs pour le « T », trois points supérieurs pour la « θ » de l'alphabet grec :

بَ تُ ثِ

3. Traduisez :

بـــا بـــا = ثَـبـــا ت =

4. Les trois lettres suivantes ne diffèrent que par les points ; un point inférieur pour le « J » français, pas de point pour le « Soupir », et un point supérieur pour la « Jota » espagnole :

جَ حُ خِ

5. Traduisez :

تـــا ج = تَـــحْـــتَ =

6. Nous avons vu que le « A long », ne se connecte pas à la lettre qui le suit dans le mot. De même, le « D » et le « Z interdental » ne se connectent pas à ce qui les suit :

دَ ذُ

7. Traduisez :

دَ جـــا ج = ذُ بـــا ب =

بـــا ب = حـــا دِ ث =

خُـــبْـــث = را بِـــح =

Séquence 31 : Exercice de grammaire

Dans cet exercice, on vous donne la voix active et l'on vous demande la passive (et vice-versa) :

Verbe à la voix passive	←	Verbe à la voix active
حُجِبَ		حَجَبَ
رُبِحَ		______
______		بَحَثَ
جُذِبَ		______

Traduisez les verbes actifs et passifs ci-dessus. Quelle voyelle brève est attribuée à la première consonne du verbe quand celui-ci est conjugué à la voix passive ?

Complétez le tableau

Participe actif = Nom d'agent	←	Verbe
حاجِب		حَجَبَ
______		رَبِحَ
باحِث		______
______		جَذَبَ
حادِث		______

Traduisez les verbes et les noms d'agent du tableau que vous venez de compléter. Pour dériver le participe actif du verbe, où insère-t-on le « A long » ?

Traduisez

جَبْر	______	تُراب	______
حِزْب	______	خُبْز	______

Séquence 32 : Révision

1. À la voix active, un verbe d'action porte un « a bref » sur sa 2e consonne :

   حَـــجَـــبَ *il cacha, il dissimula*

2. À la voix passive, seules les deux premières voyelles brèves changeront ; la troisième voyelle brève, ainsi que les trois consonnes, ne varient pas :

   حُـــجِـــبَ *il fut caché, il fut dissimulé*

3. Conjuguons ce verbe au féminin :

   حَـــجَـــبَـــتْ *elle cacha*

   حُـــجِـــبَـــتْ *elle fut cachée*

4. L'auteur de cette action, « celui qui voile », se dira :

   حـــا جِـــب *cachant, sourcil, chambellan*

5. Traduisez :

   جَـــزَ رَ =

   حَـــرْ ب =

6. Deux lettres ne se lient pas aux suivantes, le « R » roulé et le « Z » français :

   ر ز

7. Voilà qui nous fait cinq lettres qui ne se connectent pas aux suivantes :

   ا د ذ ر ز

8. Traduisez :

   د ا ر =

   حِـــز ْب =

   بـــا ز ا ر =

   حِـــجـــا ب =

   خُـــبْـــز =

   ذُ بـــا ب =

Séquence 33 : Le verbe au féminin

Le féminin du verbe se fait en rajoutant un تْ . Complétez le tableau :

Verbe féminin	←	**Verbe masculin**
حَجَبَتْ		حَجَبَ
حَدَثَتْ		________
________		رَبِحَ
بَحَثَتْ		________
________		جَذَبَ

Traduire les verbes masculins et féminins ci-dessus. Quel est le suffixe du féminin ?

Complétez le tableau

Verbe féminin passif	←	**Verbe féminin actif**
حُجِبَتْ		حَجَبَتْ
________		رَبِحَتْ
بُحِثَتْ		________
________		جَذَبَتْ

Traduisez les verbes ci-dessus.

Nouveau verbe

Que signifie le verbe خَبَزَ ? ________________________

Est-ce un verbe d'action ? ________________________

Séquence 34 : De l'ancien et du neuf

Terminons d'abord notre révision :

1. Noter que les verbes suivants sont des verbes d'action, que l'on reconnaît à la voyelle « a bref » sur la deuxième consonne :

حَجَبَ   بَحَثَ   جَذَبَ   حَدَثَ

2. رَبِحَ est un verbe de changement d'état passager, reconnaissable à sa voyelle « i bref » sous la 2e consonne. Ce verbe *il gagna* indique un état susceptible de changer, car on n'est jamais gagnant tout le temps. Pour être précis, il faudrait traduire ce verbe par : *Il fut (temporairement) gagnant.*

3. Conjuguons ce verbe au féminin :

elle gagna (elle fut – temporairement – gagnante) رَبِحَتْ

4. *Celui qui gagne* se dira :

رَابِح

5. Révision de l'alphabet :

ا   ب   ت   ث   ج   ح   خ   د   ذ   ر   ز

Nous venons de voir plus du tiers de l'alphabet !

Deux nouvelles lettres

Suivent dans l'alphabet deux nouvelles lettres identiques par la forme, à l'exception des points qui permettent de les distinguer : le « S » et le « CH » français.

س s, ç   ش ch

Dessinons le « s » ou « ç » س qui se fait en trois temps :

Séquence 35 : Exercice d'écriture

Rappel : avant d'écrire un mot, n'oubliez pas de tracer de droite à gauche la flèche qui définit votre ligne de référence. N'oubliez pas non plus d'arrondir les angles :

Connectez les lettres du mot et traduisez-le

حَ جَ بَ	← حَجَبَ	*il dissimula*
حِ زْ ب		____________
تُ ر ا ب		____________
رَ بِ حَ		____________
حَ رْ ب		____________
ب ا ز ا ر		____________
خُ بْ ز		____________
د ا ر		____________

Corrigé :

حَجَبَ ، حِزب ، تُراب ، رَبِحَ ، حَرْب ، بازار ، خُبْز ، دار

Séquence 36 : Nouveau vocabulaire

leçon, étude — دَرْس

il étudia (verbe d'action) — دَرَسَ

En français, quand le « s » est placé entre deux voyelles il se prononce « z ». Ce n'est pas le cas en arabe : le س se prononcera toujours comme un « ç ».

Règle graphique

Je veux écrire une syllabe en arabe. Je commence par tracer la première lettre et, une fois la ligne de référence atteinte, je sacrifie ce qui reste de la lettre ; je trace ensuite le connecteur et enchaîne sur la lettre suivante.

Connectons le « s » ou « ç » : س

Nouveau vocabulaire

samedi — سَبْت

Il fut (momentanément) perdant, il perdit — خَسِرَ

Changement d'état passager et réversible. On ne perd pas à tous les coups !

Verbes d'action et de changement d'état

دَرَسَ est un verbe d'action, et خَسِرَ est un verbe de changement d'état passager et réversible. Que diriez-vous du verbe رَبِحَ ? ____________________

En arabe, *gagner* et *perdre* sont des verbes de changement d'état réversible !

Séquence 37 : Exercice d'écriture

Rappel : avant d'écrire un mot, n'oubliez pas de tracer de droite à gauche la flèche qui définit votre ligne de référence. N'oubliez pas non plus d'arrondir les angles :

Connectez les lettres du mot et traduisez-le

____________	←	دَ رَ سَ تْ
____________		تَ حْ تَ
chercheur		ب ا حِ ث
____________		ح ا جِ ب
____________		جَ زَ ر
____________		ر ا بِ ح
____________		ج ا ذِ ب
____________		خَ بَ زَ تْ

Corrigé :

دَرَسَتْ تَحْتَ باحِث حاجِب جَزَر رابِح جاذِب خَبَزَتْ

Séquence 38 : La consonne « CH »

La consonne ش se prononce comme le « ch » français ou le « sh » anglais. Elle a la même forme que le س , mais possède trois points : ش . Exemples :

boisson, sirop (« sirop » provient de ce mot arabe) شَـرَا ب

pacha بـا شـا

Verbes d'action et de changement d'état

Rappelons nos verbes d'action reconnaissables à leur « a bref » sur la 2e consonne :

حَـجَـبَ بَـحَـثَ جَـذَبَ دَرَسَ حَـدَثَ

Ajoutons à cette série le verbe *faire du pain (= panifier)* : خَـبَـزَ

Rappelons maintenant nos verbes de changement d'état passager et réversible, reconnaissables à leur « i bref » sur la 2e consonne :

- خَـسِـرَ signifie *il perdit* et désigne un état susceptible de changer : en effet, on ne perd pas à tous les coups. Pour être précis, il faudrait traduire ce verbe par : *Il fut (temporairement) perdant.*
- رَبِـحَ signifie *il gagna* et désigne un état susceptible de changer : en effet, on ne gagne pas à tous les coups. Pour être précis, il faudrait traduire ce verbe par : *Il fut (temporairement) gagnant.*

Ajoutons à ces deux verbes de changement d'état réversible et passager le verbe شَـرِبَ qui signifie *il absorba le liquide, l'eau.* Ce verbe décrit par exemple le changement d'état d'une éponge sèche qui, au contact de l'eau, absorbe celle-ci. De même, si j'utilise شَـرِبَ pour parler d'un assoiffé, cela signifiera que l'assoiffé *étancha sa soif.* Mais l'on n'est désaltéré que provisoirement ! C'est ainsi que le verbe شَـرِبَ est communément traduit par *il but (et étancha sa soif)* mais désigne en réalité un changement d'état réversible, celui d'*être désaltéré après avoir eu soif* !

Séquence 39 : Exercice de traduction

حَجَبَ		بَحَثَ		دار	
جَذَبَ		رَبِحَ		باب	
جاذِب		بابا		تاج	
بَحَثَتْ		ثَبات		جَبْر	
حاجِب		بُحِثَتْ		رُبِحَ	
جُذِبَتْ		خُبْث		حِزْب	
حُجِبَتْ		باتا		بُحِثَ	
بازار		حادِث		خُبْز	
حُجِبَ		رابِح		جُذِبَ	
باحِث		جَذَبَتْ		حَرْب	
رَبِحَتْ		تُراب		جَزَر	
دَجاج		ذُباب		حَدَث	
حَدَثَتْ		حَجَبَتْ		تَحْتَ	
رُبِحَتْ		خَبَزَتْ		خَبَزَ	

Notez qu'il s'agit d'un verbe d'action et pensez au « pain » !

Traduisez dans l'autre sens

Demeure		*Parti*		*Pape*	
Hypocrisie		*Porte*		*Souk*	
Stabilité		*Sous*		*Guerre*	
Terreau		*Pain*		*Papa*	
Couronne		*Poulet*		*Algèbre*	

Séquence 40 : Nouveau vocabulaire

Un peu de vocabulaire, puis un peu de grammaire :

Écoutez et répétez

Fichier son 09

Rappel : prenez les fichiers audio sous dictée !

samedi	سَبْت
leçon, étude	دَرْس
il étudia	دَرَسَ
boisson, sirop (« sirop » provient de ce mot arabe)	شَراب
il but, étancha sa soif et en fut provisoirement désaltéré	شَرِبَ
pacha	باشا
barrière montagneuse (nom d'un massif en Arabie)	حِجاز
il perdit (momentanément)	خَسِرَ
septième mois du calendrier lunaire musulman	رَجَب

Répondez

Que pouvez-vous dire des verbes شَرِبَ , رَبِحَ et خَسِرَ ?

Que pouvez-vous dire des verbes دَرَسَ , حَجَبَ et حَدَثَ ?

À quoi reconnaît-on le verbe d'action ? À quoi reconnaît-on le verbe de changement d'état passager ?

Pain se dit خُبْز . Comment dit-on *il fit du pain* ? ____________________

Étude se dit دَرْس . Comment dit-on *il étudia* ? ____________________

Séquence 41 : Exercice de traduction

خَبَزَ	________	خُبْز	________
بَحَثَ	________	جَذَبَ	________
دَرْس	________	جَزَر	________
دَجاج	________	بازار	________
خُبْث	________	دَرَسَ	________
ذُباب	________	تَحْتَ	________
دُرِسَتْ	________	حَرْب	________
سَبْت	________	ثَبات	________
خُبْث	________	خُبْز	________
خُسِرَتْ	________	تَحْتَ	________
دار	________	دَرَسَتْ	________
حاجِب	________	خاسِر	________
خُبِزَتْ	________	رابِح	________
شَراب	________	خَسِرَ	________
رَجَب	________	باشا	________
حِجاز	________	شَرِبَتْ	________
دُرِسَتْ	________	حِزْب	________

Séquence 42 : Le nom d'agent

Le verbe بَحَثَ signifie *il recherche*. Celui qui fait l'action de chercher (c'est-à-dire le *chercheur*) et le participe présent *cherchant* se disent باحِث :

Participe présent = Nom d'agent	◄······	**Verbe**
حاجِب		حَجَبَ
رابِح		رَبِحَ
باحِث		بَحَثَ
خاسِر		خَسِرَ
جاذِب		جَذَبَ
دارِس		دَرَسَ
شارِب		شَرِبَ
خابِز		خَبَزَ
حادِث		حَدَثَ

D'où la règle suivante :

Participe présent = Nom d'agent	◄······	**Verbe**
3 2 ا 1		3 2 1

Les chiffres 1, 2 et 3 sont les trois consonnes du verbe d'action ou du verbe de changement d'état passager et réversible. En fait, que votre verbe soit un verbe d'action ou un verbe de changement d'état passager et réversible, qu'importe ! Le participe présent (= nom d'agent) aura toujours la même forme.

Séquence 43 : Verbe et nom d'agent

En **séquences 21 et 29**, nous avons vu des tableaux où figurent les verbes et les noms. En voici un autre (de verbes d'action) qu'il vous est demandé de compléter :

حَجَبَ حُجِبَ حَجَبْتُ حُجِبْتُ حاجِب

بُحِثَ

جَذَبْتُ

دُرِسَتْ

خابِز

Complétez le tableau des verbes de changement d'état réversible

شَرِبَ شُرِبَ شَرِبْتُ شُرِبْتُ شارِب

خَسِرَتْ

رابِح

Traduisez

سَبْت	________	دَرْس	________
تاج	________	جَزَر	________
شَراب	________	باشا	________
حَجَبَ	________	حاجِب	________
بَحَثَ	________	باحِث	________
دَرَسَ	________	شَرِب	________
دَجاج	________	تُراب	________

Séquence 44 : La voix passive

Pour mettre un verbe à la voix passive, je ne change que quelques voyelles brèves :

Verbe à la voix passive	←	**Verbe à la voix active**
حُجِبَ		حَجَبَ
رُبِحَ		رَبِحَ
بُحِثَ		بَحَثَ
خُسِرَ		خَسِرَ
جُذِبَ		جَذَبَ
دُرِسَ		دَرَسَ
شُرِبَ		شَرِبَ
خُبِزَ		خَبَزَ

Seules les voyelles changent à la voix passive ! D'où la règle suivante :

Verbe à la voix passive	←	**Verbe à la voix active**
3َ 2ِ 1ُ		**3َ 2َِ 1َ**

Les chiffres 1, 2 et 3 sont les trois consonnes du verbe d'action ou du verbe de changement d'état réversible. La voix passive aura toujours la même forme.

Traduisez

حاجِب ________ حادِث ________

رابِح ________ باحِث ________

خاسِر ________ جاذِب ________

Séquence 45 : Révision

Rappelons les cinq lettres qui ne se connectent pas à ce qui les suit dans le mot :

ا   د   ذ   ر   ز

Traduisez

دارِس	______	شارِب	______
خابِز	______	رابِح	______

Écoutez, répétez et traduisez

Fichier son 10

حُجِبَ	______	رُبِحَ	______
بُحِثَ	______	خُسِرَ	______
جُذِبَ	______	دُرِسَ	______
شُرِبَ	______	خُبِزَ	______

Traduisez

Hypocrisie	______	*Sous*	______
Il attira	______	*Il gagna*	______
Porte	______	*Samedi*	______
Il perdit	______	*Algèbre*	______
Il étudia	______	*Terreau, tourbe*	______

Séquence 46 : Conjuguer au féminin

Rappel : on rajoute le « T » à la fin du verbe pour obtenir le féminin !

Verbe féminin	←	Verbe masculin
حَجَبَتْ		حَجَبَ
رَبِحَتْ		رَبِحَ
بَحَثَتْ		بَحَثَ
خَسِرَتْ		خَسِرَ
جَذَبَتْ		جَذَبَ
شَرِبَتْ		شَرِبَ
حَدَثَتْ		حَدَثَ
دَرَسَتْ		دَرَسَ
خَبَزَتْ		خَبَزَ

D'où la règle :

Verbe féminin	←	Verbe masculin
تْ 3 2 1		3 2 1

Traduisez

حَدَثَتْ	____________	حَجَبَتْ	____________
رَبِحَتْ	____________	بَحَثَتْ	____________
خَسِرَتْ	____________	جَذَبَتْ	____________

Séquence 47 : Exercice d'écriture et de traduction

270

Rappel : n'oubliez pas d'arrondir les angles !

رَ جَ ب	*7e mois lunaire*
ش ا رِ ب	____________
خُ سِ رَ تْ	____________
سَ بْ ت	____________
دُ رِ سَ	____________
شَ ر ا ب	____________
ب ا ش ا	____________
حَ دَ ثَ	____________
حِ ج ا ز	____________

Séquence 48 : Exercice de conjugaison

Comment conjuguer un verbe au féminin et à la voix passive ?

Verbe féminin passif	←……………	**Verbe féminin actif**
حُجِبَتْ		حَجَبَتْ
شُرِبَتْ		شَرِبَتْ
رُبِحَتْ		رَبِحَتْ
بُحِثَتْ		بَحَثَتْ
دُرِسَتْ		دَرَسَتْ
جُذِبَتْ		جَذَبَتْ
خُسِرَتْ		خَسِرَتْ
خُبِزَتْ		خَبَزَتْ

D'où la règle suivante :

Verbe féminin passif	←……………	**Verbe féminin actif**
تْ 3َ 2ِ 1ُ		تْ 3َ 2َ/2ِ 1َ

Traduisez

Poulet ________________ *Elle étancha sa soif* ________________

Elle fut étudiée ________________ *7e mois lunaire* ________________

Elle fit du pain ________________ *Parti* (politique…) ________________

Séquence 49 : Révision grammaticale

Les chiffres 1, 2 et 3 sont les trois consonnes du verbe :

a) **3َ 2َ 1َ** est un verbe d'action à la voix active : دَرَسَ
il étudia

b) **تْ 3َ 2َ 1َ** est le féminin à la voix active : دَرَسَتْ
elle étudia

c) **3َ 2ِ 1ُ** est le masculin à la voix passive : دُرِسَ
il fut étudié

d) **تْ 3َ 2ِ 1ُ** est le féminin à la voix passive : دُرِسَتْ
elle fut étudiée

Traduisez

__________	خُبِزَتْ	__________	خُبْز
__________	شُرِبَتْ	__________	بازار
__________	حُجِبَتْ	__________	حَرْب
__________	بُحِثَتْ	__________	ثَبات
__________	رُبِحَتْ	__________	سَبْت
__________	جُذِبَتْ	__________	شَراب
__________	خُسِرَتْ	__________	دار
__________	دُرِسَتْ	__________	خُبْث
__________	باحِث	__________	حِجاز

Séquence 50 : La philosophie du verbe arabe

Dans la vie, nous agissons. Dans ce cas, le **verbe d'action** exprime l'action qui est la nôtre. Exemples : *étudier, rechercher, faire du pain...*

En arabe, ces verbes sont reconnaissables à la fatḥaẗ (a bref) sur leur 2e consonne :

دَرَسَ ، بَحَثَ ، خَبَزَ ...

Mais, dans la vie, il nous arrive aussi de ne pas agir mais de passer par des états qui ne durent pas : *être chanceux et gagner, être malchanceux et perdre...*

En arabe, le passage par ces états réversibles est exprimé par des verbes reconnaissables à la kasraẗ (i bref) sur leur 2e consonne. Ce sont les **verbes de changement d'état passager et réversible** :

رَبِحَ ، خَسِرَ ...

Enfin, dans la vie aussi, nous vieillissons et subissons de ce fait un changement d'état permanent et irréversible. Ceci est exprimé, en arabe, par les **verbes de changement d'état permanent et irréversible**, reconnaissables à la ḍammaẗ (« ou » bref) sur leur 2e consonne. Nous verrons prochainement des exemples de ce type de verbes.

Ainsi :

Verbe d'action	3 2 1
Verbe de changement d'état réversible	3 2 1
Verbe de changement d'état irréversible	3 2 1

Traduisez

حَدَثَ ____________ جَذَبَ ____________

شَرِبَ ____________ حَجَبَ ____________

Séquence 51 : Le « Ṣ » arabe

Nouvelle consonne :

ص صـ

Traçons-la en cinq temps :

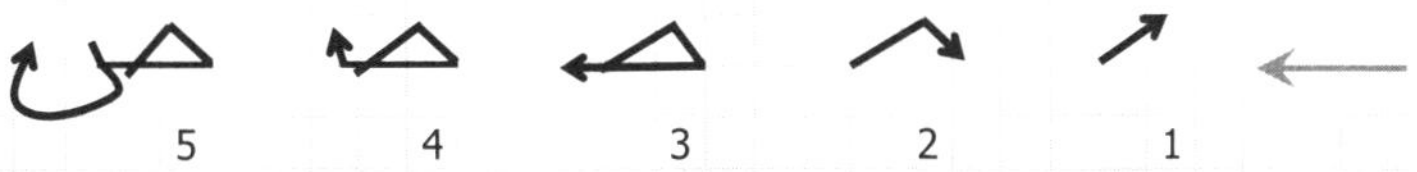

Assurez-vous que vous savez l'écrire, ainsi que les deux consonnes précédentes. N'oubliez pas d'arrondir les angles :

س ش ص س ش ص

Écrivons :

صَ ، صُ ، صِ ، صـا

Cette lettre s'appelle : صـا د . C'est un « S » EMPHATIQUE, donc prononcé avec emphase.

Exemples :

Une poitrine	صَـدْ ر
Un bus	بـا ص

Écoutez et répétez

Fichier son 11

صَ ، صُ ، صِ ، صـا ، صـا د ، صَـدْ ر ، بـا ص

Séquence 52 : Les trois « S »

Quand le « S emphatique » est entier, il se termine par une grande boucle sous la ligne de référence :

ص

Par contre, quand il est connecté, il perd ladite boucle mais conserve la petite pointe vers le haut, avant le connecteur :

صـ

Phonétiquement, ne confondez pas :

Le « **s, ç** » sifflant français	س	comme dans « **s**aine, fa**ç**on »
La « θ » grecque / « th » interdental anglais	ث	comme dans « **th**ank you »
Le « **ṣ** » emphatique arabe	ص	comme dans بـــا ص

Révision

270

1. Ces lettres ne se connectent pas à celles qui les suivent dans le mot :

ا د ذ ر ز

Ainsi :

بـــا ب دَ جــا ج جَــذَ بَ تُــر ا ب حِــزْ ب

Traduisez les cinq mots ci-dessus :

__________ __________ __________ __________ __________

2. En arabe, « il est survenu, il a eu lieu » se dit حَــدَ ثَ . Comment désigne-t-on *ce qui survient, un événement, un accident* ? ____________

3. Que signifie بـــا حِــث ? ____________

Séquence 53 : Exercice de traduction

En règle générale, il est plus facile de traduire de l'arabe en français :

Traduisez

حُجِبَ	___	رُبِحَ	___
بُحِثَ	___	خُسِرَ	___
جُذِبَ	___	دُرِسَ	___
شُرِبَ	___	خُبِزَ	___
باص	*bus*	صَدْر	*poitrine*
باشا	___	صاد	*la lettre* ص
تَحْتَ	___	تاج	___
تُراب	___	شَراب	___
دَرْس	___	حِزْب	___

Traduisez du français vers l'arabe (ce qui est plus difficile)

Pain = ___ *Parti* = ___

Sourcil = ___ *Algèbre* = ___

Guerre = ___ *Chambellan* = ___

Pacha = ___ *Couronne* = ___

Carotte = ___ *Chercheur* = ___

Bazar = ___ *Poulet* = ___

Séquence 54 : Les deux « D »

Nous avons une autre lettre emphatique en arabe : le « D emphatique » que l'on transcrit ainsi : « **ḍ** ». La voici : ضَ ، ضُ ، ضِ ، ضـــا

Cette lettre s'appelle, en arabe : ضـــا د

Prénom masculin : رِ ضـــا

Nouveau verbe d'action : « *Il frappa* » ضَـــرَ بَ

Phonétiquement, ne confondez pas :

Le « **d** » français : د comme dans « **d**emain »

Le « **ḍ** » arabe : ض comme dans ضَـــرَ بَ

Écoutez et répétez

Fichier son 12

صـــا د صَـــدْ ر بـــا ص ضـــا د ضَـــرَ بَ رِ ضـــا

Retrouvez la bonne traduction

il fit du pain	رَ بِـــحَ
il perdit	خَـــبَـــزَ
il gagna	شَـــرِ بَ
il étudia	ضَـــرَ بَ
il but	خَـــسِـــرَ
il frappa	دَ رَ سَ

Séquence 55 : Verbes, lettres, noms, prépositions...

Revoyez d'abord les tableaux des **séquences 21, 29 & 43** :

Complétez le tableau des verbes d'action

حَـجَـبَ حُـجِـبَ حَـجَـبْـتُ حُـجِـبْـتُ حـا جِـب

بُـحِـثَ

جَـذَ بْـتُ

دُ رِ سَـتْ

ضـا رِ ب

Recopiez les lettres de l'alphabet, dans l'ordre

ا ب ت ث ج ح خ د ذ ر ز س ش ص ض

Traduisez du français vers l'arabe

Bus	____________	*Maison*	____________
Leçon	____________	*Poitrine*	____________
Riḍā	____________	*Frappant*	____________
Hypocrisie	____________	*Gagnant*	____________
Stabilité	____________	*Samedi*	____________
Sirop	____________	*Mouche*	____________
Sous	____________	*Terre, terreau*	____________

Séquence 56 : Révision

1. Les trois consonnes d'un verbe d'action portent chacune un « a bref » :

بَحَثَ حَجَبَ جَذَبَ ضَرَبَ خَبَزَ

À la voix passive, ces verbes se transforment en :

بُحِثَ حُجِبَ جُذِبَ ضُرِبَ خُبِزَ

Et l'auteur de l'action (le participe présent) se dira :

باحِث حاجِب جاذِب ضارِب خابِز

Le féminin du verbe d'action se construit ainsi :

بَحَثَتْ حَجَبَتْ جَذَبَتْ ضَرَبَتْ خَبَزَتْ

Et le passif du verbe au féminin :

بُحِثَتْ حُجِبَتْ جُذِبَتْ ضُرِبَتْ خُبِزَتْ

2. En arabe, *leçon, étude* se dit دَرْس . Comment dit-on *il étudia* ?

____

3. Où se trouve le massif montagneux nommé حِجاز ?

____

4. Pourquoi la moustache se dit-elle شارِب en arabe ?

____

5. Revoyez les lettres de l'alphabet, dans l'ordre :

ا ب ت ث ج ح خ د ذ ر ز س ش ص ض

Séquence 57 : Exercice d'écriture et de traduction

Rappel : n'oubliez pas d'arrondir les angles !

Il frappa	ضَ رَ بَ
__________	ص ا د
__________	ب ا ص
(du) verre	زُ ج ا ج
__________	رُ بِ حَ تْ
__________	خ ا سِ ر
__________	حِ ج ا ب
__________	دُ رِ سَ تْ
__________	صَ دْ ر

Corrigé :

ضَرَب ، صاد ، باص ، زُجاج ، رُبِحَتْ ، خاسِر ، حِجاب ، دُرِسَتْ ، صَدْر

Séquence 58 : Révision de tous nos verbes

Voici la totalité de nos verbes :

Il dissimula, cacha, voila	حَجَبَ
Il rechercha	بَحَثَ
Il gagna	رَبِحَ
Il étudia	دَرَسَ
Il fit du pain	خَبَزَ
Il but, absorba le liquide	شَرِبَ
Il survint, eut lieu	حَدَثَ
Il frappa	ضَرَبَ
Il perdit	خَسِرَ
Il attira	جَذَبَ

Révision de quelques noms classés par thèmes

Des humains : بابا ، باشا ، رِضا

Riḍā — *pacha* — *papa, pape*

De la matière : تُراب ، زُجاج

du verre — *du terreau*

Des animaux : دَجاج ، ذُباب

espèce mouche — *espèce poulet*

Séquence 59 : Exercice de traduction

Il gagna	____________	*Elle gagna*	____________
Gagnant	____________	*Il perdit*	____________
Elle perdit	____________	*Perdant*	____________
Il but	____________	*Elle but*	____________
Absorbant	____________	*Moustache*	____________
Buvant	____________	*Il frappa*	____________
Elle frappa	____________	*Frappant*	____________
Il fut absorbé	____________	*Elle fut étudiée*	____________
Elle fut dissimulée	____________	*Sourcil*	____________
Chambellan	____________	*Cachant*	____________
Il survint	____________	*Elle eut lieu*	____________
Accident	____________	*Survenant*	____________
Événement	____________	*Il fit du pain*	____________
Elle fit du pain	____________	*Il fut frappé*	____________
(Un lot) fut gagné	____________	*Il fut recherché*	____________

Séquence 60 : Le premier personnage

Nous voici en mesure de faire la connaissance de notre premier personnage : Riḍā !

Voici son prénom : رِضَا

Riḍā est un jeune chercheur, de père irakien et de mère libanaise.

Voici son patronyme : صَدْر

Et voici maintenant son nom complet :

← رِضَا صَدْر

Comment dira-t-on que « *Riḍā a fait des études, a étudié* » ?

← دَرَسَ رِضَا

Que remarquez-vous ?

1. Vous remarquez d'abord que vous venez de voir votre première phrase en arabe !
2. Vous remarquez ensuite que cette phrase, à la différence de la phrase française équivalente, commence non pas par le sujet « *Riḍā* » mais par le verbe « *étudia* » !

Ainsi, en arabe, la phrase commence par le verbe, suivi de son sujet :

← دَرَسَ رِضَا

Comment diriez-vous, dans ces conditions,

« *Riḍā but* » ← ________ ________

« *Riḍā gagna* » ← ________ ________

« *Riḍā perdit* » ← ________ ________

Nous construirons beaucoup de phrases sur ce modèle général !

Séquence 61 : Révision

1. Rappel de nos verbes d'action. Traduisez :

Il frappa ________ *Il attira* ________ *Il étudia* ________

Il survint ________ *Il panifia* ________ *Il chercha* ________

Il dissimula, cacha, voila ________

270

2. Donnez, pour chacun de ces sept verbes, le **nom de celui qui fait l'action** :

Il frappa ________ *Il attira* ________ *Il étudia* ________

Il survint ________ *Il panifia* ________ *Il chercha* ________

Il dissimula, cacha, voila ________

3. Traduisez :

سَبْت	________	حادِث	________
رَجَب	________	زُجاج	________
تَحْتَ	________	دار	________
خُبْث	________	باب	________
حِجاز	________	باشا	________
شَراب	________	بابا	________
جَبْر	________	تُراب	________
حِزْب	________	صَدْر	________

Séquence 62 : Les aventures de Riḍā

En nous fondant sur ce que nous avons appris à la **séquence 60**, nous allons maintenant nous familiariser avec la phrase arabe.

Retrouvez la bonne traduction :

Riḍā fit des études	خَبَزَ رِضا
Riḍā fut frappé	خَسِرَ رِضا
Riḍā fit du pain	جُذِبَ رِضا
Riḍā fut attiré	ضَرَبَ رِضا
Riḍā frappa	دَرَسَ رِضا
Riḍā perdit	ضُرِبَ رِضا

Notre ami Riḍā est très lié à son cousin Ǧād.

Voici le prénom de Ǧād en arabe :

جاد

Les papas de Riḍā et de Ǧād sont frères.

De ce fait, Riḍā et Ǧād ont le même patronyme :

← رِضا صَدْر

← جاد صَدْر

Comment traduisez-vous cette phrase ?

← شَرِبَ جاد ____________________

Séquence 63 : Le tableau des verbes d'action

Complétez le tableau des verbes d'action (voir les **séquences 21, 29, 43 & 55**) :

حَجَبَ حُجِبَ حَجَبْتَ حُجِبْتَ حاجِب

ضُرِبَ

جَذَبْتَ

دُرِسْتَ

خابِز

Traduisez

دَجاج	________	حِزْب	________
بازار	________	دَرْس	________
خُبْث	________	ثَبات	________
صَدْر	________	باص	________
حاجِب	________	خُبْز	________
رِضا	________	حِجاب	________
تاج	________	تُراب	________
باحِث	________	زُجاج	________
ذُباب	________	دار	________
بابا	________	جاد	________
شَراب	________	شارِب	________

Séquence 64 : Le « Ṭ » emphatique

Nouvelle consonne emphatique :

ط ـط

Traçons-la en quatre temps :

Assurez-vous que vous savez l'écrire, ainsi que les quatre consonnes précédentes. N'oubliez pas d'arrondir les angles :

س ش ص ض ط

Écrivons :

طَ ، طُ ، طِ ، طا

Cette lettre est un « T » EMPHATIQUE, donc prononcé avec emphase.

Écoutez et répétez

Fichier son 13

Répétez les syllabes ci-dessus.

Nouveau vocabulaire

La transe, l'état de résonance avec la chanson et la musique	طَـرَب
Patate, pomme de terre	بَـطـا طـا
Garnison ; (ville de) Rabat	رِبـا ط

Séquence 65 : Verbes de changement d'état

Complétez le tableau des verbes de changement d'état réversible et passager :

3 2 ا 1	تْ 3 2 1	تْ 3 2 1	3 2 1	3 2 1

شُرِبَ

خَسِرَتْ

رُبِحَتْ

Traduisez du français vers l'arabe

Guerre	______	*Huissier*	______	*Carotte*	______
Chercheur	______	*Pain*	______	*Accident*	______
Voile	______	*Algèbre*	______	*Bazar*	______
Poulet	______	*Pacha*	______	*Couronne*	______
Verre	______	*Moustache*	______	*Sous*	______

Traduisez ce vocabulaire alimentaire

دَجاج	______	بَطاطا	______
شَراب	______	خُبْز	______

Test

Que signifie cette phrase : طَرِبَ رِضا ? ______

Séquence 66 : Le « Ẓ » emphatique

Ne pas confondre le « **t** » français ت et le « **ṭ** » arabe ط :

تَ ، طَ ، تُ ، طُ ، تِ ، طِ ، تـــا ، طـــا .

Ainsi, le ط est l'emphatique de ت . De même, ظ est l'emphatique de ذ .

Cette nouvelle consonne est le « **ẓ** » arabe (emphatique), qui s'écrit comme le ط

mais avec un point au-dessus de la boucle : ظَ ، ظُ ، ظِ ، ظـــا

Écoutez et répétez

Fichier son 14

Répétez les quatre syllabes ci-dessus.

Nouveau verbe

Le verbe « *prohiber* » se dit : حَـــظَـــرَ . Est-ce un verbe d'action ou un verbe de changement d'état ? ____________________

Prononciation

Nous voilà donc avec 3 formes de « z » :

- Le « **th** » interdental anglais de « mo**th**er » : ذ
- Le « **z** » français sifflant de « **z**ébu » : ز
- Le « **ẓ** » arabe interdental et emphatique : ظ de حَـــظَـــرَ

Prononcer :

زَ ، ذَ ، ظَ ، زُ ، ذُ ، ظُ ، زِ ، ذِ ، ظِ ، زا ، ذا ، ظـــا

Séquence 67 : Deux consonnes emphatiques

271 Commençons par traduire vers l'arabe :

Leçon	________	*Patate*	________	*Transe*	________
Bus	________	*Demeure*	________	*Hypocrisie*	________
Pain	________	*Stabilité*	________	*Samedi*	________
Boisson	________	*Moustache*	________	*Garnison*	________
Poitrine	________	*Poule*	________	*Il survint*	________
Elle survint	________	*Accident*	________	*Il fut absorbé*	________
Absorbant	________	*Il étudia*	________	*Elle fut étudiée*	________

Écoutez les fichiers audio 13 et 14 puis lisez

Ne pas confondre le « **t** » français ت et le « **ṭ** » arabe ط :

تَ ، طَ ، تُ ، طُ ، تِ ، طِ ، تـا ، طـا

Ne pas confondre non plus le « **th** » interdental anglais ذ , le « **z** » sifflant français ز , et le « **ẓ** » arabe ظ :

زَ ، ذَ ، ظَ ، زُ ، ذُ ، ظُ ، زِ ، ذِ ، ظِ ، زا ، ذا ، ظـا

Traduisez du français vers l'arabe

Il prohiba	________	*Elle prohiba*	________
Il fut prohibé	________	*Elle fut prohibée*	________
Prohibant	________	*Prohibition, embargo*	حَـظْـر

Séquence 68 : Le blanc de poulet

Un peu de phonétique, d'abord. Ne confondez pas :

Le « s, ç » sifflant français س comme dans « **s**aine, fa**ç**on »

La « θ » grecque / « th » interdental anglais ث comme dans « **th**ank you »

Le « ṣ » emphatique arabe ص comme dans باص

Lisez dans la foulée : سَبْت ، ثَبات ، صَدْر

Retrouvez la bonne traduction

Riḍā se désaltéra	خَبَزَ رِضا
Ǧād s'extasia, entra en transe	بَحَثَ جاد
Riḍā fut frappé	جُذِبَ رِضا
Ǧād perdit	دَرَسَ جاد
Riḍā fit du pain	شَرِبَ رِضا
Ǧād fit des études	طَرِبَ جاد
Riḍā gagna	ضُرِبَ رِضا
Ǧād fit des recherches	خَسِرَ جاد
Riḍā fut attiré	رَبِحَ رِضا

Test

Comment dit-on « *blanc de poulet* » en arabe ? ____________________

Pour vous aider : Pensez à « *Poitrine poulet* », sans la préposition française « de » !

Séquence 69 : Les tableaux des verbes

Complétez le tableau des verbes d'action :

3 2 ا 1 — تْ 3 2 1 — تْ 3 2 1 — 3 2 1 — 3 2 1

حَظَرَ ....

ضُرِبَ ....

جَذَبْتْ ....

دُرِسْتْ ....

خَابِز ....

Complétez le tableau des verbes de changement d'état passager et réversible :

3 2 ا 1 — تْ 3 2 1 — تْ 3 2 1 — 3 2 1 — 3 2 1

شُرِبَ ....

خَسِرَتْ ....

رُبِحْتْ ....

طَارِب ....

Proposez un mot qui commence par...

ب ______	ت ______	ث ______	ج ______
ح ______	خ ______	د ______	ذ ______
ر ______	ز ______	س ______	ش ______
ص ______	ض ______	ط ______	ظ ______

Proposez ici un mot qui contient cette consonne !

Séquence 70 : Le participe présent

Un peu de phonétique, d'abord. Notez que les quatre lettres suivantes, que l'on prononce avec emphase, sont dites « lettres emphatiques » :

ص ض ط ظ

Notez aussi que nous avons deux variantes du « D », le « **d** » français de د ا ر (*demeure*) et le « **ḍ** » emphatique arabe de ضَـــرَ بَ (*il frappa*).

Notez enfin que nous avons 2 variantes du « T », le « **t** » français de تَـــحْـــتَ (*sous*) et le « **ṭ** » emphatique arabe de طَـــرَ ب (*transe musicale*).

271

Donnez dix participes actifs / noms d'agent et traduisez-les :

________	بـــا حِـــث
prohibant	________
________	________
________	________
________	________
________	________
________	________
________	________
________	________
________	________

Séquence 71 : Des mots dont l'initiale est le « B »

Traduisez ces mots qui commencent tous par le « B » :

بَـحَـثَ	______	بـا ز ا ر	______
بُـحِـثَ	______	بـا ب	______
بَـحَـثَـتْ	______	بـا بـا	______
بُـحِـثَـتْ	______	بـا شـا	______
بـا حِـث	______	بَـطـا طـا	______
بـا تـا	______	بـا ص	______

Traduisez du français vers l'arabe

Il survint ______	*Elle survint* ______	*Accident* ______
Événement ______	*Il frappa* ______	*Elle voila* ______
Il panifia ______	*Il fut étudié* ______	*Attirant* ______
Elle chercha ______	*Il fut prohibé* ______	*Embargo* ______

Traduisez

دَ جـا ج	______	رِ بـا ط	______
شَـر ا ب	______	خُـبْـز	______
تـا ج	______	تَـحْـتَ	______
تُـر ا ب	______	ثَـبـا ت	______

Séquence 72 : Les conflits

Y a–t-il un point commun entre رِبَاط et حِجَاب ?

Oui, car ces deux noms ont la même forme **3 ا 2 1ِ** . Or, cette forme est, en arabe, celle des conflits. Ainsi, le حِجَاب est le conflit qui oppose les gens à l'indiscret qui les épie. حِجَاب , par la suite, a pris le sens de *voile*. Il en va de même pour رِبَاط qui est l'action de tenir garnison contre l'envahisseur. Ce n'est qu'ensuite – et par extension – que رِبَاط a pris le sens de *lieu de garnison*, *fortin*, d'où le رِبَاط du Maroc, Rabat !

Les noms *lutte*, *combat*, *hostilité*... seront tous construits comme حِجَاب et رِبَاط , c'est-à-dire sur le même modèle, le même schème des noms de conflit : **3 ا 2 1ِ** . Retenez ce schème !

Les fameux *ǧihād* et *niqāb* font partie de la même série. Mais, pour les écrire, il nous manque encore quelques lettres.

Prononciation

L'arabe a 3 variantes du « z » :

- Le « **z** » français sifflant de ***z**ébu* (حِزْب)
- Le « **th** » interdental anglais de *mo**th**er* (جَذَب)
- Le « **ẓ** » interdental et emphatique arabe (حَظَر)

Séquence 73 : Exercice de traduction

Traduisez de l'arabe vers le français :

دَجاج	________	بَطاطا	________
شَراب	________	حَرْب	________
تاج	________	تَحْتَ	________
تُراب	________	ثَبات	________
سَبْت	________	جَبْر	________
رَجَب	________	حِزْب	________
حِجاز	________	حِجاب	________
حاجِب	________	دار	________
دَرْس	________	دارِس	________
حَظْر	________	خُبْث	________
رَبِحَ	________	رِباط	________
رِضا	________	خاسِر	________
حادِث	________	صَدْر	________
ضُرِبَ	________	زُجاج	________
حُظِرَ	________	طَرَب	________
جاد	________	طَرِبَتْ	________

Séquence 74 : La consonne la plus dure

Nous arrivons enfin à la consonne arabe la plus difficile à prononcer. Il se peut qu'elle nécessite beaucoup d'entraînement, même si certains la prononcent correctement dès la première tentative :

عَ ، عُ ، عِ ، عـا

Arabes, l'ensemble des peuples arabes = عَـرَب

Esclave, adorateur = عَـبْـد

Écoutez et répétez

Fichier son 15

Répétez les quatre syllabes et les deux mots ci-dessus.

Écrivez

Traçons cette consonne en deux temps :

Assurez-vous que vous savez l'écrire. N'oubliez pas d'arrondir les angles :

ع

Pour la connecter, il suffit de suivre la règle graphique que nous connaissons : Je veux écrire une syllabe en arabe. Je commence par tracer la première lettre et, une fois la ligne de référence atteinte, je sacrifie ce qui reste de la lettre ; je trace ensuite le connecteur et enchaîne sur la lettre suivante. D'où :

عـا ، عَـرَب ، عَـبْـد

Séquence 75 : Le tableau des verbes

Complétez le tableau :

حَـجَـبَ ....

بُـحِـثَ ....

شَـرِبَـتْ ....

جُـذِبَـتْ ....

دارِس ....

خَـبَـزَ ....

ضُـرِبَ ....

حَـظَـرَتْ ....

خُـسِـرَتْ ....

رابِـح ....

Traduisez du français vers l'arabe

Elle fut bue ___________	*Elle fut frappée* ___________	*Elle frappa* ___________
Poulet ___________	*Il fut cherché* ___________	*Il cacha* ___________
Elle panifia ___________	*Elle fut attirée* ___________	*Il étudia* ___________
Pain ___________	*Adorateur* ___________	*Embargo* ___________
Il prohiba ___________	*Elle fut étudiée* ___________	*Patate* ___________
Boisson ___________	*Elle fut prohibée* ___________	*Esclave* ___________

Séquence 76 : Le mal de gorge

Vous avez eu du mal à produire la consonne ع . Qu'à cela ne tienne ! Souvenez-vous de votre dernière visite chez le médecin. Vous aviez mal à la gorge et le médecin vous a demandé d'ouvrir grand la bouche et de prononcer عـا !

Prénoms

Le nom commun عَـبْـد signifie *esclave*. Mais il signifie également *adorateur*. D'où le prénom masculin **`Abd Allāh** qui signifie *adorateur de Dieu*. En arabe, Allāh a 99 noms dont, par exemple, بـا سـط (Celui qui étend, qui met à l'aise en prodiguant). D'où donc le prénom **`Abd al-Bāsiṭ** = *adorateur du Très-Généreux* !

C'est ainsi que nous obtenons les prénoms masculins : Abdallah, Abdelkader, Abdelkrim, etc. Il nous manque encore quelques lettres pour écrire ces prénoms.

Conflits

Nous avons vu que رِ بـا ط et حِـجـا ب sont tous les deux construits sur le schème **3 ا 2 1** qui est celui des conflits. Ainsi, le حِـجـا ب est le conflit qui oppose les gens à l'indiscret qui les épie ; puis il prit le sens de *voile*. De même, رِ بـا ط est l'action de tenir garnison contre l'envahisseur. Ce n'est qu'ensuite – et par extension – que رِ بـا ط a pris le sens de *lieu de garnison*, *fortin*. Or, nous connaissons aussi حِـجـا ز qui est une barrière montagneuse et est construit sur le schème **3 ا 2 1** des conflits ! En effet, le حِـجـا ز était infranchissable et empêchait les caravanes de bédouins de passer. D'où conflit et schème **3 ا 2 1** !

Séquence 77 : Le nom de l'action

Le verbe d'action دَرَسَ signifie *il étudia*. Nous savons aussi que l'*action d'étudier, l'étude*, se dira دَرْس qui est, en fait, le **nom de l'action**. De même, le nom de l'action du verbe d'action بَحَثَ (*rechercher*) est بَحْث (recherche). Quel est le nom de l'action de :

جَذَبَ __________ حَجَبَ __________

خَبَزَ __________ ضَرَبَ __________

حَظَرَ __________ دَرَسَ __________

بَحَثَ __________

271

Traduisez ces noms d'action

دَرْس __________ ضَرْب __________

خَبْز __________ جَذْب __________

حَظْر __________ بَحْث __________

حَجْب __________

Traduisez du français vers l'arabe

Action de faire du pain __________ *Recherche* __________

Prohibition __________ *Attraction* __________

Étude __________ *Action de frapper* __________

Séquence 78 : La consonne capricieuse

La lettre ع change un peu de forme quand elle est connectée à ce qui précède :

Toute seule et entière :

عَ ، عُ ، عِ

Au début du mot :

عـــا

Au milieu du mot :

ـــعـــ

Exemples :

il se rassasia شَــبِــعَ   prénom féminin سُــعــا د

Traçons cette consonne en trois temps :

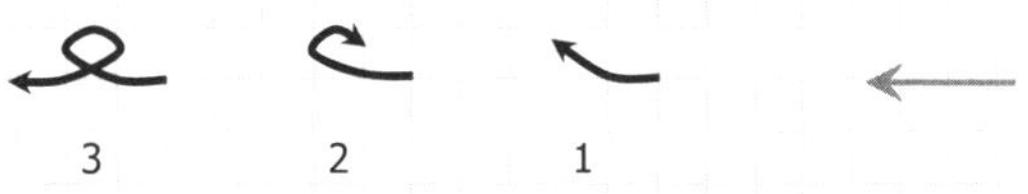

C'est un **triangle reposant sur sa pointe**. Assurez-vous que vous savez l'écrire. N'oubliez pas d'arrondir les angles :

Rappel du vocabulaire :

عَــرَب	عَــبْــد	سُــعــا د	شَــبِــعَ
Arabes	*esclave, adorateur*	*Su`ād*	*il se rassasia*

Séquence 79 : Les consonnes capricieuses

Ainsi que vous le constatez, il y a beaucoup de pièges dans la prononciation des consonnes en arabe. Lisez ces mots dont le sens nous importe peu :

بَزَرَ　　بَذَرَ　　بَظَرَ

تابَ　　طابَ

رابَ　　عابَ

سارَ　　صارَ　　ثارَ

بادَ　　باضَ

Traduisez du français vers l'arabe

Su`ād	___________	*Carotte*	___________	*Maison*	___________
Guerre	___________	*Pacha*	___________	*Chambellan*	___________
Chercheur	___________	*Accident*	___________	*Perdant*	___________
Gagnant	___________	*Voile*	___________	*Adorateur*	___________
Couronne	___________	*Arabes*	___________	*Hypocrisie*	___________
Sous	___________	*Transe*	___________	*Verre*	___________
Recherche	___________	*Étude*	___________	*Prohibition*	___________
Il se rassasia	___________	*Esclave*	___________	*Ğād*	___________
Garnison	___________	*Sirop*	___________	*Il s'extasia*	___________

Séquence 80 : Le « R » de Paris

Nouvelle consonne (facile à prononcer) :

غَ ، غُ ، غِ ، غـا .

Il s'agit du « R » parisien que vous prononcez deux fois dans le verbe français « **r**ab**r**ouer ».

Cette lettre s'écrit comme sa sœur quasi-jumelle ع , à la différence que notre « R parisien » se distingue par son point : غ . Noter que la lettre غ change de forme quand elle est connectée à ce qui précède : *Bagdad* = بَـغْـد ا د . Il s'agit de la même transformation que subit la lettre ع (voir **séquence 78**).

Il y a donc deux sons à ne pas confondre en arabe :

- Le « R » roulé ر de دَ رَ س = *Il étudia* ;
- Le « R » parisien غ de بَـغْـد ا د = *Bagdad.*

Quand ils sont connectés, ع et غ sont des **triangles posés sur leurs sommets**. Voir la calligraphie du prénom féminin سُـعـا د en **séquence 78**.

Il en va de même pour le verbe شَـبِـعَ = *il se rassasia, il mangea à satiété.*

Verbes de changement d'état passager et réversible

On peut certes manger à satiété شَـبِـعَ , mais la satiété ne dure qu'un temps. Il en va de même quand on étanche sa soif شَـرِ بَ , la soif revient vite. Ces deux verbes شَـبِـعَ et شَـرِ بَ sont donc des verbes exprimant un changement d'état passager. Ils sont de schème 3 2 1 !

Séquence 81 : Le « duel »

En plus du singulier et du pluriel que nous connaissons en français, l'arabe connaît un nombre intermédiaire qui est le « duel », c'est-à-dire le nombre ***deux***. Ainsi :

شَبِعَ	*il mangea à satiété, il se rassasia*
شَبِعَا	*eux deux se rassasièrent*

Ou encore :

حَجَبَ	*il dissimula*
حَجَبَا	*eux deux dissimulèrent*
خَبَزَ	*il fit du pain*
خَبَزَا	*eux deux firent du pain*

C'est donc le « A long » qui est le suffixe du duel.

Traduisez

دَرَسَا	________	شَبِعَا	________
بَحَثَا	________	خَسِرَا	________
حَدَثَا	________	خَبَزَا	________
ضَرَبَا	________	شَرِبَا	________
رَبِحَا	________	طَرِبَا	________
جَذَبَا	________	حَجَبَا	________
حَظَرَا	________	عَبَدَا	*eux deux adorèrent*
بَسَطَا	*eux deux étalèrent*		

(Voir **séquence 76**)

Séquence 82 : Les schèmes verbaux de l'arabe

Récapitulons :

- Le schème **3 2 1** est celui du verbe d'action au masculin. Exemple : دَرَسَ
- L'autre schème verbal **3 2 1** est celui du verbe de changement d'état passager et réversible au masculin. Exemple : شَرِبَ
- Le schème **3 2 1** est celui du verbe de changement d'état permanent et irréversible au masculin. Nous n'avons pas vu de verbe en **3 2 1**
- Le schème **3 2 1** est celui de tout verbe masculin à la voix passive. Exemple : حُظِرَ
- Le schème **تْ 3 2 1** est celui du verbe d'action au féminin. Exemple : خَبَزَتْ
- Le schème **تْ 3 2 1** est celui du verbe de changement d'état passager et réversible au féminin. Exemple : شَبِعَتْ
- Le schème **تْ 3 2 1** est celui de tout verbe féminin à la voix passive. Exemple : خُسِرَتْ

> Tous les verbes ci-dessus sont au singulier. Pour les mettre au duel, il me suffit de leur rajouter, à la fin, un « A long », ce qui donnera « eux deux / elles deux » !

Séquence 83 : Le duel au féminin

Cette règle du duel est également vraie au féminin :

حَجَبَتْ	*elle dissimula*
حَجَبَتَا	*elles deux dissimulèrent*

Elle est également vraie au passif :

خُسِرَتْ	*elle fut perdue*
خُسِرَتَا	*elles deux furent perdues*

C'est donc le « A long » qui est le suffixe universel du duel.

Mettez au duel et traduisez

دَرَسَ	دَرَسَا	*eux deux étudièrent*
ضَرَبَ	______	______
شَرِبَ	______	______
حَجَبَ	______	______
جَذَبَ	______	______
خَبَزَ	______	______
حَظَرَ	______	______
بَحَثَتْ	______	______
دَرَسَتْ	______	______
ضَرَبَتْ	______	______

Séquence 84 : Les schèmes nominaux de l'arabe

Nous avons vu, à la **séquence 82**, l'ensemble de nos schèmes verbaux. Récapitulons maintenant nos schèmes nominaux :

- Rappelons que le schème du verbe d'action est **3 2 1** . Par exemple : دَرَسَ qui signifie *il étudia*. L'*action d'étudier*, l'*étude*, se dira دَرْس . Le schème du nom d'action est donc **3 2 1** . En **séquence 77**, nous en avons vu quelques uns : حَظْر ، بَحْث ، خَبْز ...

- L'auteur du verbe est de schème **3 2** ا **1** . Ainsi, *celui qui cherche*, le *chercheur*, se dira بَاحِث . En **séquence 42**, nous en avons vu plusieurs : حَادِث / شَارِب / رَابِح / خَاسِر

- Enfin, quand il y a conflit, celui-ci est exprimé par le schème **3** ا **2 1** comme حِجَاب ، رِبَاط ، حِجَاز .

Est-ce à dire que tous les mots de l'arabe sont construits selon des schèmes, des modèles prédéterminés, en fonction de leur sens ? Oui, un nombre considérable de mots arabes le sont ! Ainsi, les mouvements du corps et les déplacements sont construits selon un schème particulier ; les couleurs ont leur schème, les maladies aussi, ainsi que les adjectifs comparatifs et superlatifs... Telle est la raison pour laquelle il est impératif d'apprendre les schèmes, pour se constituer les familles de mots. Voici le début d'une famille de mots :

دَارِس	←......	دَرْس	←......	دَرَسَ
Schème de l'acteur		Schème de l'action		Schème du verbe

Et l'*école*, lieu d'étude, ne s'appelle-t-elle pas « m e **d** e **r s** a » ? J'y retrouve les trois consonnes de mon verbe « *étudier* ». Le lieu où se fait l'action a aussi son schème !

Séquence 85 : La marque du duel

Rappel : le « A long » est le suffixe universel du duel.

Mettez au duel et traduisez

eux deux perdirent	خَسِرَا	خَسِرَ
		بُحِثَ
		دُرِسَ
		رَبِحَ
		بَحَثَ
		ضَرَبَ
		طَرِبَ
		شَبِعَ
		جَذَبَتْ
		خَبَزَتْ
		حُجِبَ
		حَظَرَتْ
		جُذِبَ
		رَبِحَتْ
		خُبِزَ
		خَسِرَتْ

Séquence 86 : Premières expressions

Revoir à la **séquence 68** le test en bas de page : Comment dit-on *blanc de poulet* ? La réponse est en fait *poitrine de poulet* qui se dit صَدْرُ دَجاج . Vous constaterez d'abord que la préposition « de » du français a disparu en arabe où le complément de nom s'accole directement. De même, بابُ بَغْداد signifie *la porte de Bagdad*. Vous constaterez également que le premier terme de l'expression porte une ḍammaẗ ـُـ à sa fin. Nous aurons l'occasion d'expliquer cette particularité plus loin. Découvrons, pour l'instant, **nos premières expressions** !

Traduisez

Le pain de Su`ād	=	خُبْزُ سُعاد
	=	دَرْسُ جاد
	=	باصُ بَغْداد
	=	دارُ رِضا
	=	بَحْثُ سُعاد
	=	خُبْثُ جاد
	=	بازارُ بَغْداد
	=	ثَباتُ رِضا
	=	حادِثُ سُعاد
	=	عَرَبُ بَغْداد
	=	بابُ جاد
	=	حِزْبُ رِضا

Séquence 87 : La marque du duel

Rappel : le « A long » est le suffixe universel du duel.

Mettez au duel et traduisez

______________	__________	ضُـــرِبَ
______________	__________	حُـجِـبَــتْ
______________	__________	شَــرِبَــتْ
______________	__________	جُــذِبَــتْ
______________	__________	خُـبِــزَتْ
______________	__________	خُـسِــرَ
______________	__________	رُبِــحَــتْ
______________	__________	حُــظِــرَتْ
______________	__________	حُــظِــرَ
______________	__________	بُــحِــثَــتْ
______________	__________	دُرِسَــتْ
______________	__________	شُــرِبَ
______________	__________	حَــجَــبَــتْ
______________	__________	شَــبِــعَــتْ
______________	__________	ضُــرِبَــتْ
______________	__________	حَــدَثَ

Séquence 88 : Nouvelles expressions

Rappel : le « A long » est le suffixe universel du duel.

Mettez au duel et traduisez

خُسِرَتْ	________	________
بُحِثَ	________	________
جَذَبَتْ	________	________
رُبِحَ	________	________
طَرِبَتْ	________	________
دَرَسَتْ	________	________
شَرِبَتْ	________	________
حَدَثَتْ	________	________

Traduisez les expressions suivantes

صَدْرُ سُعَاد	________
شَرَابُ جَاد	________
رِبَاطُ بَغْدَاد	________
طَرَبُ رِضَا	________
بَاشَا بَغْدَاد	________
حَرْبُ رَجَب	________

Séquence 89 : Exercice de traduction

Traduisez les verbes d'action suivants

Il cacha __________ *Il panifia* __________ *Il attira* __________

Il étudia __________ *Il eut lieu* __________ *Il chercha* __________

Il frappa __________ *Il prohiba* __________ *Il étala* __________

Traduisez les verbes de changement d'état passager suivants

Il perdit __________ *Il gagna* __________ *Il s'extasia* __________

Il étancha sa soif __________ *Il se rassasia* __________

Traduisez les noms de lieux suivants

Bazar __________ *Demeure* __________ *Hedjaz* __________

Bagdad __________ *Garnison* __________

Traduisez les noms de temps suivants

Samedi __________ *7e mois* __________

Traduisez les noms de personnes suivants

Papa __________ *Huissier* __________ *Pacha* __________

Esclave __________ *Riḍā* __________ *Gagnant* __________

Perdant __________ *Arabes* __________ *Su`ād* __________

Chercheur __________ *Pape* __________ *Ǧād* __________

Séquence 90 : Le complément d'objet direct

L'arabe ne possède que trois voyelles brèves qui sont la ḍammaẗ (ou bref = ـُـ), la fatḥaẗ (a bref = ـَـ) et la kasraẗ (i bref = ـِـ). Notons que la fatḥaẗ (a bref = ـَـ) est la marque du complément d'objet direct. L'arabe est une langue à déclinaison. La voyelle finale du nom indiquera sa fonction dans la phrase : la ـَـ est la marque du COD. Ainsi, dans دَرَسا عَرَبَ بَغْداد qui signifie *eux deux (sociologues) étudièrent les Arabes de Bagdad,* عَرَبَ porte à sa fin la ـَـ puisqu'il est complément d'objet direct du verbe دَرَسا

Traduisez les phrases suivantes

271

شَرِبَتا شَرابَ جَزَر ____________________

حَظَرَ حِزْبَ بَغْداد ____________________

خَسِرَتا حَرْبَ رَجَب ____________________

دَرَسَ دَرْسَ جَبْر ____________________

Rappel : **la fatḥaẗ est la marque du complément d'objet direct du verbe**.

Signalons qu'à la fin d'un nom, le « ou bref » appelé ḍammaẗ nous dit que ce nom est le sujet du verbe :

دَرَسَتْ سُعادُ دَرْسَ جَبْر

« a bref », marque du COD du verbe

« ou bref », marque du sujet du verbe

Séquence 91 : Exercice de traduction

Traduisez le vocabulaire alimentaire suivant

Poule	________	*Boisson*	________	*Carotte*	________
Pain	________	*Patate*	________		

Traduisez les états suivants

Stabilité	________	*Extase*	________	*Hypocrisie*	________

Traduisez les actions suivantes (revoir la séquence 77)

Étude	________	*Recherche*	________	*Prohibition*	________
Frappe	________	*Attraction*	________	*Panification*	________

Traduisez

Couronne	________	*Porte*	________	*Voile*	________
Terreau	________	*Bus*	________	*Algèbre*	________
Parti	________	*Leçon*	________	*Poitrine*	________
Verre	________	*Guerre*	________	*Sous*	________
Événement	________	*Sourcil*	________	*Moustache*	________
Pacha	________	*Mouche*	________	*Embargo*	________
Eux 2 burent	________	*Elle but*	________	*Il but*	________
Il fut bu	________	*Buvant*	________	*Elle fut bue*	________

Séquence 92 : La consonne « F »

Nouvelle consonne (facile à prononcer) : Le « F » français !

فَ فُ فِ فـا

Traçons cette consonne en six temps :

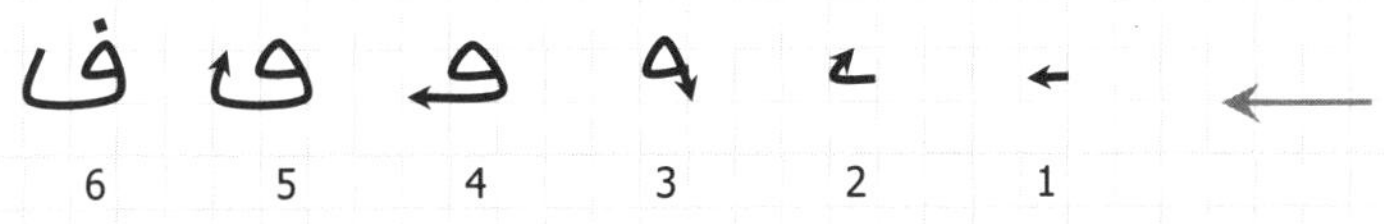

Assurons-nous que nous savons l'écrire. N'oublions pas d'arrondir les angles :

ف

Pour la connecter, il suffit de suivre la règle graphique que nous connaissons : Je veux écrire une syllabe en arabe. Je commence par tracer la première lettre et, une fois la ligne de référence atteinte, je sacrifie ce qui reste de la lettre ; je trace ensuite le connecteur et enchaîne sur la lettre suivante. D'où :

فـا

D'où le verbe « *garder, conserver, mémoriser...* » : حَـفِـظَ . Pourquoi cette voyelle brève ـِ ? ______________________________

Conjuguons ce verbe :

Elle conserva حَـفِـظَـتْ — *Eux 2 conservèrent* حَـفِـظَـا

Il fut conservé حُـفِـظَ — *Elle fut conservée* حُـفِـظَـتْ

Comment appelle-t-on « *celui qui garde, qui conserve...* » ? ____________

Séquence 93 : Nouveau vocabulaire

Apprenons ce nouveau vocabulaire :

il ouvrit, il conquit	فَـتَـحَ
ouverture, conquête	فَـتْـح
il garda, conserva, préserva, mémorisa	حَـفِـظَ
cahier	دَفْـتَـر

Complétez le tableau des verbes de changement d'état passager

3 2ِ ا 1	ـتْ 3َ 2ِ 1ُ	ـتْ 3َ 2ِ 1َ	3َ 2ِ 1ُ	3َ 2ِ 1َ
			شُـرِبَ	
		خَـسِـرَتْ		
	رُبِـحَـتْ			
طـارِب				
				حَـفِـظَ
			شُـبِـعَ	

Répondez

À partir du verbe *ouvrir, conquérir* que vous venez d'apprendre, trouvez le nom (arabe) de la principale organisation de résistance palestinienne ?

____

Traduisez

حـافِـظ ___________ فـاتِـح ___________

حُـفِـظَـتـا ___________ فُـتِـحَـتْ ___________

Séquence 94 : Une famille de mots

Traduisons ces mots qui expriment tous la notion d'**ouvrir** :

فَتَحَ ____________

فَتْح ____________

فاتِح ____________

فُتِحَ ____________

فَتَحا ____________

فُتِحا ____________

فَتَحَتْ ____________

فُتِحَتْ ____________

فَتَحَتا ____________

فُتِحَتا ____________

272 ***Traduisez les phrases suivantes***

فَتَحَتْ بابَ رِضا ____________________

حَفِظَ دَرْسَ جَبْر ____________________

فَتَحَتا دَفْتَرَ جاد ____________________

حَفِظا تاجَ سُعاد ____________________

فَتَحَ رِباطَ بَغْداد ____________________

Rappel : **la fatḥaẗ est la marque du complément d'objet direct du verbe**.

Séquence 95 : Le tableau des verbes

Complétez le tableau des verbes d'action :

حَـجَـبـا

بُـحِـثـا

فَـتَـحَـتـا

جُـذِبَـتـا

دارِس

خَـبَـزا

ضُـرِبـا

حَـظَـرَتـا

بُـسِـطَـتـا

Révision de l'alphabet (dans l'ordre)

ا بَ تُ ثِ جَ حُ خِ دَ ذُ رِ زَ سُ شِ صَ ضُ طِ ظَ

عَ غُ فَ فُ فِ فـا

Une famille de mots. Traduisez

دَرَسَ	____________	دَرْس	____________
دارِس	____________	دُرِسَ	____________
دَرَسـا	____________	دُرِسـا	____________
دَرَسَـتْ	____________	دَرَسَـتـا	____________

Séquence 96 : La consonne « Q »

La consonne suivante dans l'alphabet arabe est un « Q » guttural. C'est un son « k, q » qui sort du fond de la gorge. À l'écriture, c'est le même tracé que le ف , sauf qu'il porte deux points et qu'il se termine par **une boucle qui va sous la ligne** :

ق ف

Q F

Écoutez et répétez

Fichier son 16

Répétez les mots et syllabes ci-dessous :

قُـرْبَ بَـقَـر قَ قُ قِ قـاف بَـقَـر شَـرْق

Vocabulaire

قُـرْبَ — *Près de*

قـاف — *C'est le nom de cette lettre*

بَـقَـر — *Espèce bovine (bœufs, vaches)*

شَـرْق — *Est, orient*

En arabe, *Orient* se dit شَـرْق et *Occident* se dit غَـرْب

Rappel

En arabe, nous avons une absence de voyelle et 3 voyelles brèves :

ْ   َ   ُ   ِ

Séquence 97 : Un verbe de changement d'état passager

Nouveau verbe de changement d'état passager :

غَـرِق *couler (comme un bateau), se noyer [anglais : to sink]*

غَـرِقـا

غَـرِقَـتْ

غَـرِقَـتـا

Écoutez et répétez

Fichier son 17

Répétez les quatre verbes ci-dessus.

272

Complétez le tableau des verbes de changement d'état passager

شَـرِبَ	شَـرِبـا	شَـرِبَـتْ	شَـرِبَـتـا	شـارِب
	خَـسِـرا			
		غَـرِقَـتْ		
			شَـبِـعَـتـا	
				رابِـح
حَـفِـظَ				
	طَـرِبـا			

Traduisez les deux phrases suivantes

Elles deux étudièrent les Arabes de Bagdad ______________________

(Les deux bateaux) coulèrent ______________________

Séquence 98 : Prononciation

Rappel des trois variantes du « S » en arabe

Le « s, ç » sifflant français	س	comme dans « **s**aine, fa**ç**on »
La « θ » grecque / « th » interdental anglais	ث	comme dans « **th**ank you »
Le « ṣ » emphatique arabe	ص	comme dans بـــاص

Répondez

À quoi reconnaît-on le verbe d'action ? ______________________________

Et le verbe de changement d'état réversible ? ______________________________

Rappel des deux variantes du « D » en arabe

- Le « **d** » français, comme dans le mot : د ا ر
- Le « **ḍ** » emphatique arabe : ضـــا د

Choisissez la bonne réponse

Le verbe عَـــشِـــقَ signifie :

1. Escalader
2. Se passionner pour
3. Raboter
4. Vieillir

Pour bien répondre, noter que le verbe arabe exprime un changement d'état passager, quelque chose d'éphémère. Lequel des quatre verbes français qui vous sont proposés exprime un état passager, éphémère, réversible ?

Rappel des deux variantes du « T » en arabe

- Le « **t** » français, comme dans le mot : تَـــحْـــتَ
- Le « **ṭ** » emphatique arabe : طَـــرَ ب

Séquence 99 : Exercice de traduction

Traduisez :

بَحَشا	________	باب	________
جُذِبَتا	________	باص	________
قاف	________	حُجِبا	________
بابا	________	باتا	________
حَفِظَتا	________	طَرَب	________
خَسِرا	________	بَطاطا	________
خُبِزا	________	بازار	________
حَظْر	________	دَرَسَتا	________
باشا	________	رُبِحَتا	________
بَقَر	________	غَرْب	________
شَبِعا	________	باحِث	________
ضُرِبا	________	تَحْتَ	________
قُرْبَ	________	طَرِبَتا	________
تاج	________	فُتِحَتا	________
تُراب	________	فَتْح	________
غَرِقا	________	ثَبات	________

Séquence 100 : La consonne « K »

La consonne suivante dans l'alphabet est un « K » français normal et doux (en comparaison avec le Q guttural de la **séquence 96**). Écrivons-la :

كَ كُ كِ ـكَ

Quand elle est connectée à ce qui la suit, cette lettre change de forme :

كَـ ـكُـ

Vocabulaire

Être à bord de (un avion, un bus…), *être juché sur* (un cheval…)

رَكِبَ رَكِبْتَ

رَكِبَا رَكِبْتَا

رُكِبَ رُكِبْتَ

رُكِبَا رُكِبْتَا

راكِب

Pourquoi ce verbe « *monter* » est-il un verbe de changement d'état passager ? Parce qu'on finit toujours par descendre de cheval, de chameau…

Séquence 101 : Exercice d'écriture

Rappel : connectez les lettres de ces mots sans oublier d'arrondir les angles !

بَ قَ ر

قُ رْ بَ

غَ رِ قَ تْ

شَ رْ ق

ق ا ف

فَ تَ ح ا

حُ فِ ظَ تْ

دَ فْ تَ ر

عَ بْ د

غَ رْ ب

بَ ط ا ط ا

سُ ع ا د

ض ا د

ص ا د

صَ دْ ر

رَ كِ بَ تْ

Séquence 102 : Le nom des lettres

Rappel des noms des lettres en arabe :

ص = صـــا د   ض = ضـــا د

ق = قـــا ف   ك = كـــا ف

Écoutez et répétez en insistant sur le « A long »

Fichier son 18

ثَـبـــا ت   دَ جـــا ج   ذُ بـــا ب

تُـــر ا ب   شَـــر ا ب   حِـجـــا ب

رِ بـــا ط   زُ جـــا ج   حِـجـــا ز

La bonne réponse

Dans la **séquence 98**, on vous demandait le sens du verbe عَـشِـــق :

1. Escalader
2. Se passionner pour
3. Raboter
4. Vieillir

Je note que عَـشِـــق porte la kasraẗ (i bref) sous sa 2e consonne. C'est donc un verbe de changement d'état passager, ce qui exclut *escalader* et *raboter* qui sont des actions, et *vieillir* qui est un changement d'état irréversible. عَـشِـــق signifie donc *se passionner pour* : La passion est éminemment passagère !

Rappel des trois variantes du « Z » en arabe

- Le « Z » français : حِـــزْ ب
- Le « TH » anglais de « moTHer » : جَـــذَ بَ
- Le « Ẓ » interdental et emphatique arabe : حَـــظَـــرَ

Séquence 103 : Exercice de traduction

Traduisez :

حَدَثَتَا	________	جَبْر	________
بَغْدَاد	________	بَحَثَتَا	________
حِزْب	________	جُذِبَا	________
حِجَاب	________	زُجَاج	________
حَجَبَتَا	________	حِجَاز	________
حُفِظَا	________	حَادِث	________
عَرَب	________	خُسِرَتَا	________
حَاجِب	________	خَبَزَتَا	________
حَافِظ	________	عَبْد	________
دُرِسَا	________	خُبْث	________
رَبِحَا	________	خُبْز	________
رِبَاط	________	شُرِبَتَا	________
دَجَاج	________	شَبِعَتَا	________
دَرْس	________	حَظْر	________
ضُرِبَتَا	________	دَار	________
طَرِبَا	________	دَفْتَر	________

Séquence 104 : Verbe de changement d'état irréversible

Nous connaissons deux types de verbes :

1. Le verbe d'**action**, comme حَظَرَ (*il prohiba*)…

2. Le verbe de **changement d'état passager et réversible**, comme :

- شَبِعَ *il se rassasia*. Or, on n'est repu que quelques heures, avant que la faim ne revienne ;
- شَرِبَ *il se désaltéra*. Or, on n'est désaltéré que quelque temps, avant d'avoir à nouveau soif ;
- غَرِقَ *il coula*. Or, la poussée d'Archimède nous fait remonter à la surface de l'eau ;
- رَكِبَ *il fut juché* (sur un cheval…). Or, on finit toujours par redescendre de sa monture, du bus…

Il nous reste à voir le troisième type de verbe, celui qui exprime un **changement d'état permanent et irréversible**. L'exemple type de ce verbe est كَبُرَ *il poussa, grandit, prit de l'âge*… Ce verbe désigne un changement d'état définitif et irréversible. On le reconnaît à sa ḍammaẗ ـُ (ou bref) sur la 2e consonne.

Ainsi, quand le verbe porte une fatḥaẗ (a bref) ـَ sur sa 2e consonne, il exprime une **action** ; quand il porte une kasraẗ (i bref) ـِ sous sa 2e consonne, il exprime un **changement d'état passager et réversible** ; quand il porte une ḍammaẗ ـُ (ou bref) sur sa 2e consonne, il exprime (comme كَبُرَ) un **changement d'état permanent et irréversible**. Ainsi : كَبُرَتْ سُعَادُ .

Que signifie cette dernière phrase ? ______________________________

Séquence 105 : Verbes et expressions

Complétez le tableau des verbes de changement d'état passager et réversible :

رَكِبَ

شَرِبا

غَرِقَتْ

خَسِرَتا

شابِع

رَبِحَ

حَفِظا

طَرِبَتْ

Traduisez les expressions suivantes

غَرْبُ بَغْداد ______________________

شَرْقُ بَغْداد ______________________

دَفْتَرُ بابا ______________________

دارُ رِضا ______________________

تاجُ سُعاد ______________________

خُبْثُ جاد ______________________

ثَباتُ رِضا ______________________

دَرْسُ جاد ______________________

Séquence 106 : Traduire des phrases simples

272

Traduisez ces phrases :

فَتَحَ رِضا دَفْتَرَ سُعاد

____

رَكِبَتْ سُعادُ باصَ بَغْداد

____

شَبِعَ بابا بَطاطا

____

فَتَحَتْ سُعادُ بابَ رِضا

____

حَفِظَ رِضا دَرْسَ جَبْر

____

شَرِبَتا شَرابَ جَزَر

____

كَبُرَ جاد

____

حُظِرَ شَرْقُ بَغْداد

____

Séquence 107 : Révision

Traduisez :

Mouche ____________ *Poule* ____________ *Verre* ____________

Mettez ces verbes à la voix passive

La voix passive de nos verbes est reconnaissable au « ou bref » (**ḍammaẗ**) sur la première consonne.

بَحَثَ ____________ رَبِحَتْ ____________

جَذَبَا ____________ خَسِرَتَا ____________

دَرَسَ ____________ شَرِبَتْ ____________

خَبَزَا ____________ ضَرَبَتَا ____________

حَجَبَ ____________ رَكِبَتْ ____________

حَفِظَا ____________ فَتَحَتَا ____________

Traduisez

سَبْت ____________ شَرْق ____________

صَدْر ____________ غَرِقَتْ ____________

حِزْب ____________ حَرْب ____________

Traduisez

Près de ____________ *Sous* ____________

Orient ____________ *Occident* ____________

Séquence 108 : La logique du verbe arabe

Récapitulons nos verbes de changement d'état passager et réversible :

- رَبِحَ = *il gagna temporairement*, puisque le gain n'est jamais acquis et que l'on peut par la suite, dans un revers de fortune, perdre ;
- خَسِرَ = *il perdit temporairement*, puisque l'espoir est toujours permis et que l'on peut gagner après avoir perdu ;
- حَفِظَ = *il mémorisa temporairement*, puisque la mémoire peut flancher et que l'on peut oublier ce que l'on avait retenu ;
- طَرِبَ = *il s'extasia temporairement*, puisque le chant ne vous emporte qu'un court laps de temps ;
- شَبِعَ *il se rassasia*. Or, on n'est repu que quelques heures, avant que la faim ne revienne ;
- شَرِبَ *il se désaltéra*. Or, on n'est désaltéré que quelque temps, avant d'avoir à nouveau soif ;
- غَرِقَ *il coula*. Or, la poussée d'Archimède nous fait remonter à la surface de l'eau ;
- رَكِبَ *il fut juché* (sur sa mule...). Or, on finit toujours par redescendre de sa monture, du bus...

Répondez

Que signifie كَبَاب ? ______________________________

Traduisez :

كَبَابُ بَقَر ______________________________

كَبَابُ دَجَاج ______________________________

صَدْرُ دَجَاج ______________________________

Séquence 109 : Exercice de traduction

Traduisez :

Conquête	______________	*Carotte*	______________
Tourbe, terre	______________	*Espèce bovine*	______________
Verre	______________	*(Espèce) mouche*	______________
Accident	______________	*Moustache*	______________
Pain	______________	*Boisson*	______________
Esclave	______________	*Arabes*	______________
Algèbre	______________	*Parti*	______________
Il mangea à satiété	______________	*Embargo*	______________
Poitrine	______________	*Leçon, étude*	______________
Bagdad	______________	*Orient*	______________
Occident	______________	*Il se noya, il coula*	______________

Traduisez

Elles 2 étudièrent les Arabes de Bagdad ____________________________

Eux 2 (par exemple des bateaux) coulèrent ____________________________

Il (par exemple un cheval) fut monté ____________________________

Traduisez cette phrase construite avec le verbe d'action « casser »

كَسَرَ بَابَ سُعَاد ! ________________________

Séquence 110 : Le nom de l'agent

On vous donne le verbe d'action, donnez le nom de celui qui fait l'action :

Traduction ←	L'**agent** du verbe ←	Le **verbe**
ouvrant, conquérant	فَاتِح	فَتَحَ
____________	____________	ضَرَبَ
____________	____________	بَحَثَ
____________	____________	كَسَرَ
____________	____________	دَرَسَ
____________	____________	حَجَبَ
remerciant	____________	شَكَرَ
____________	____________	جَذَبَ
____________	____________	حَدَثَ
____________	____________	خَبَزَ
____________	____________	حَظَرَ
étalant	____________	بَسَطَ

Vous venez de **dériver** les participes actifs (également appelés *noms d'agent*) des douze verbes d'action que vous connaissez. La dérivation, en arabe, est la technique qui vous permet de forger de nouveaux mots à partir du verbe.

Le modèle du participe actif / nom d'agent est le suivant :

3 2ِ ا 1

Insérez un alif (A long) après la première consonne du verbe, puis une kasraẗ (i bref) après la 2e consonne, et vous obtenez le participe actif / nom d'agent, c'est-à-dire le nom de celui qui fait l'action exprimée par le verbe.

Séquence 111 : Exercice d'écriture et de traduction

273

Rappel : n'oubliez pas d'arrondir les angles !

passager	ر ا كِ ب
______	ش ا كِ ر
______	غ ا رِ ق
______	ح ا فِ ظ
______	ش ا بِ ع
______	خ ا سِ ر
______	ح ا دِ ث
______	ش ا رِ ب

Séquence 112 : La consonne « L »

La lettre qui suit dans l'alphabet arabe est le « L » :

لَ لُ لِ

Comment écrit-on cette lettre ?

Et, quand elle est connectée à ce qui la suit :

لَـ لُـ لِـ

Deux particularités graphiques :

1. Le « alif » ا (A long) ne se connecte pas à la lettre qui le suit dans le mot.

   Exemple : كَـــبــا ب . Le « L », quant à lui, se connecte, comme dans كَـلْـب (= *chien*). C'est ce qui permet de distinguer ces deux lettres.

2. Quand le « A long » vient juste après le « L », le « A long » se penche :

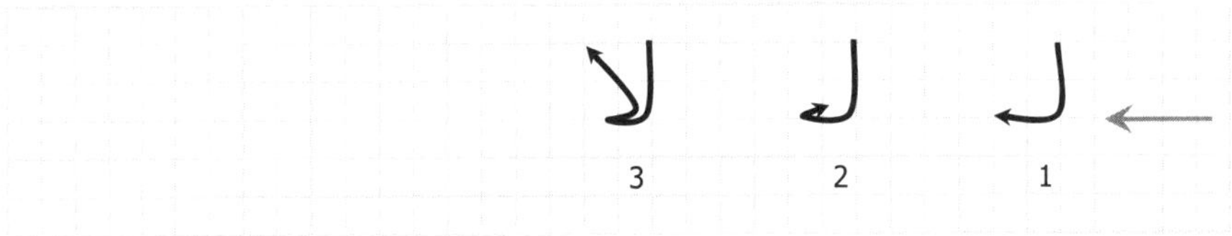

لَ لُ لِ / لَـ لُـ لِـ / لا

Séquence 113 : Deux nouveaux verbes

Nouveau verbe : قَبِلَ = *il accueillit favorablement, il accepta, il agréa*. Or, celui qui est bien disposé maintenant peut, plus tard, changer d'humeur ou d'avis : ce verbe قَبِلَ exprime donc un changement d'état réversible.

Traduisez

قَبِلَتْ	________	قَبِلَتَا	________
قُبِلَتَا	________	قَابِل	________

Nouveau verbe d'action. Traduisez

حَلَقَ	*il rasa (une barbe…)*	حَلَقَتْ
حَلَقَا		حَلَقَتَا
حُلِقَ		حُلِقَتْ
حُلِقَا		حُلِقَتَا
حَالِق		

Traduisez ce vocabulaire alimentaire

Pain	________	*Poulet*	________
Vache, bœuf	________	*Breuvage*	________
Kébab	________	*Patate*	________
Carotte	________	*Arak*	عَرَق

Séquence 114 : Des villes et des pays

Pays se dit en arabe : بَـــلَــد , d'où le *bled* que le français a emprunté. Le mot arabe a plusieurs sens :

- La France est un بَـــلَــد . Le Maroc, aussi ;
- Le centre-ville de Beyrouth se dit aussi un بَـــلَــد : Ce mot désigne un lieu particulièrement urbanisé et animé ;
- Le بَـــلَــد désigne enfin un village, un bourg…, une zone habitée par opposition à la rase campagne alentour, d'où le bled emprunté par le français.

Le nom de la lettre

د	ذ	ص	ض	ق	ك
د ا ل	ذ ا ل	صـــا د	ضـــا د	قـــا ف	كـــا ف

Il faut savoir dire non

En arabe, ***Non !*** se dit لا

Ainsi, à la question *es-tu rassasié ?*, je peux répondre لا .

Noms de villes arabes

Bagdad بَـــغْــد ا د — *Tripoli* طَـــر ا بُـــلُــس

Alep حَـــلَــب

Vocabulaire arabe d'origine française

لِـــتْــر provient du français *litre,* d'où لِـــتْــرُ عَـــرَ ق *un litre d'arak.*

Séquence 115 : Exercice de traduction

Traduisez :

Des directions

Est	______________	*Ouest*	______________

Des aliments

Kébab	______________	*Carotte*	______________
Bœuf	______________	*Poulet*	______________
Sirop	______________	*Pain*	______________
Patate	______________	*Arak*	______________

Des villes arabes

Alep	______________	*Bagdad*	______________
Tripoli	______________	*(du Liban ou de Libye)*	

Des lieux

Garnison	______________	*Pays*	______________
Demeure	______________	*Montagne*	جَـــبَـــل

Des animaux

Poule	______________	*Chien*	______________
Mouche	______________	*Vache*	______________

Séquence 116 : Étymologie

Révision de l'alphabet. Lisez :

ا بَ تُ ثِ جَ حُ خِ دَ ذُ رِ زَ سُ شِ صَ ضُ طِ ظَ

عَ غُ فَ قَ قُ قِ قَا كَ كُ كِ كَا لَ لُ لِ لا

Schèmes

À la voix active, le modèle du verbe d'action est 3َ 2َ 1َ , chacune des consonnes portant une fatḥaẗ (a bref). Exemple : دَرَسَ = *il étudia*. On dira donc que le **schème** (ou modèle) du verbe d'action est 3َ 2َ 1َ . Le schème du verbe de changement d'état passager et réversible est 3َ 2ِ 1َ . Exemple : حَفِظَ = *il conserva, préserva, mémorisa*. Enfin, le schème du verbe de changement d'état permanent et irréversible 3َ 2ُ 1َ . Le seul exemple que nous connaissons de ce type de verbe est كَبُرَ = *il grandit, prit de l'âge*.

À la voix passive, nous n'avons plus qu'un seul schème : 3َ 2ِ 1ُ , que le verbe soit un verbe d'action ou de changement d'état : دُرِسَ ، حُفِظَ .

Le modèle du participe actif / nom d'agent est 3 2ِ ا 1 . C'est le nom de celui qui fait l'action (ضَارِب = *frappant, cogneur*) ou de celui qui connaît le changement d'état (خَاسِر = *perdant*).

Retenons que la **dérivation**, en arabe, est la technique qui permet de forger de nouveaux mots selon des **schèmes** (ou modèles) préétablis.

Séquence 117 : Vocabulaire français d'origine arabe

Voici du vocabulaire français emprunté à l'arabe :

بَلَد *pays, endroit habité* a donné le français *bled*.

جَبَل *montagne* a donné le français *djebel*.

كُحْل cosmétique pour les yeux qui a donné le français *khôl*.

كَلْب *chien* a donné le français *klebs, clébard*.

سَفَر *voyage* a donné le français *safari*.

كَبَاب dé de viande qui a donné le français *kébab*.

Traduisez

Garnison	________________	*Demeure*	________________
Non	________________	*Stabilité*	________________
Verre	________________	*Arabes*	________________
Conquête	________________	*Mouche*	________________
Elle prohiba	________________	*Il but*	________________
Il perdit	________________	*Il gagna*	________________
Il se rassasia	________________	*Il accepta*	________________
Il se jucha	________________	*Il coula*	________________
Il conserva	________________	*Il s'extasia*	________________

Séquence 118 : La consonne « M »

Lettre suivante de l'alphabet arabe : Le « M »

مَ مُ مِ مـا

Comment tracer cette lettre ?

Notez que la boucle du « m » est un petit triangle ; il est à cheval sur la ligne de référence : sa base au-dessous de la ligne, son sommet au-dessus.

Révision de l'alphabet. Lisez

ا بَ تُ ثِ جَ حُ خِ دَ ذُ رِ زَ سُ شِ صَ

ضُ طِ ظَ عُ غِ فَ قُ كِ لَ لا مَ مُ مِ مـا

Vocabulaire ancien et nouveau

بـا بـا	*papa*	مـا مـا	*maman*
لِـتْـر	*litre*	مِـتْـر	*mètre*
حَـلا ل	*licite*	حَـرا م	*illicite*
شَـرْ ق	*Est, Orient*	مَـشْـرِ ق	*Levant, orient arabe*
غَـرْ ب	*Ouest, Occident*	مَـغْـرِ ب	*Maghreb, occident arabe*
عَـرَ ب	*des Arabes*	مَـجَـر	*des Magyars (Hongrois)*
بـا ب	*porte*	مِـفْـتـا ح	*clé*
سَـلا م	*salut, paix*	حَـرْ ب	*guerre*

Séquence 119 : Licite et illicite

- Nous savons que *poitrine* se dit صَدْر . Le *cœur* se dit قَلْب , à ne pas confondre avec كَلْب qui signifie *chien* !
- En Islam, ce qui est *licite* se dit حَلال . La viande de bœuf بَقَر ou de poulet دَجاج est حَلال , celle du porc est حَرام .

Traduisez

تاج	________	طَرَب	________
قَلْب	________	كَلْب	________
لِتْر	________	سَفَر	________
حَلَق	________	صَدْر	________
حَلال	________	حَلَب	________
كَباب	________	عَرَق	________
كُحْل	________	لا	________
قَبِلَ	________	جَبَل	________
بَلَد	________	طَرابُلُس	________
بَغْداد	________	بَقَر	________
عَشِقَ	________	شَرْق	________
سَلام	________	حَرْب	________

Séquence 120 : Phrase verbale, phrase nominale

Nous savons que سَـــلام *paix* est le contraire de حَـــرْب *guerre*. En droit musulman, une *zone de paix* est dite دارُ سَـــلام et une *zone de guerre* est dite دارُ حَـــرْب . Ceci nous permet de construire notre première phrase sans verbe : بَـــغْـــدادُ // دارُ سَـــلام .

zone de paix (est) *Bagdad*

Cette phrase signifie que *Bagdad* **est** *une zone de paix*. Cette phrase se passe de l'auxiliaire **être**. C'est une phrase nominale, car elle commence par un nom (*Bagdad*) plutôt que par un verbe. Nous avons donc, en arabe, quatre types de phrases :

- La phrase **verbale** qui commence par un verbe d'**action** et qui exprime un acte réalisé par le sujet. Dans ce genre de phrase, l'ordre des mots est le suivant : Verbe, puis sujet, puis complément. Exemple :

Riḍā ouvrit la porte de Su`ād

فَـــتَـــحَ رِضـــا بـــابَ سُـــعـــاد

Complément Sujet Verbe

- La phrase **verbale** qui commence par un verbe de **changement d'état passager et réversible**. L'ordre des mots est le même. Exemple :

Su`ād garda la clé de Riḍā

حَـــفِـــظَـــتْ سُـــعـــادُ مِـــفْـــتـــاحَ رِضـــا

Complément Sujet Verbe

- La phrase **verbale** qui commence par un verbe de **changement d'état permanent et irréversible**. L'ordre des mots est le même. Exemple :

Le chien de Riḍā a grandi

كَـــبُـــرَ كَـــلْـــبُ رِضـــا

Sujet Verbe

- La phrase **nominale** qui commence par un nom et qui n'exprime ni action ni changement d'état, mais un **état stable**, comme l'exemple vu en tête de page :

بَـــغْـــدادُ // دارُ سَـــلام

Bagdad (est) zone de paix

Séquence 121 : Nouvelles expressions

Traduisez ces expressions :

______________________	جَـبَـلُ حَـلَـب
______________________	غَـرْبُ طَـرابُـلُـس
______________________	كُـحْـلُ مـامـا
______________________	مِـفْـتـاحُ جـاد
______________________	سَـفَـرُ رِضـا
______________________	كَـلْـبُ سُـعـاد
______________________	لِـتْـرُ شَـراب
______________________	عَـرَقُ حَـلَـب
______________________	عـاشِـقُ سُـعـاد
______________________	ثَـبـاتُ طَـرابُـلُـس
______________________	كَـبـابُ بَـقَـر
______________________	بَـلَـدُ رِضـا
______________________	قَـلْـبُ بَـغْـداد
______________________	حَـرْبُ جَـبَـل
*La **salutation** de Su`ād*	سَـلامُ سُـعـاد
*La **paix** de Bagdad*	سَـلامُ بَـغْـداد

Séquence 122 : Deux nouveaux lieux

Nous savons que *voyage* se dit سَفَر . En arabe, *aéroport* se dit مَطار . Traduisez :

دارُ رِضا // قُرْبَ مَطار بَغْداد

Nous savons aussi que *kébab* se dit كَباب . En arabe, *restaurant* se dit مَطْعَم . Traduisez :

Le restaurant de Su`ād (est) près de la demeure de Riḍā

Écoutez et répétez

Fichier son 19

كُحْل	*khôl*	طَرابُلُس	*Tripoli*
مَطار	*aéroport*	مَطْعَم	*restaurant*
بَلَد	*pays*	قَلْب	*cœur*
عَرَق	*arak*	سَفَر	*voyage*
جَبَل	*montagne*	لا	*non*

Traduisez

حَلال __________ حَرام __________

Séquence 123 : Traduire des phrases

Dans ces phrases nominales, le signe // indique un verbe *être* sous-entendu :

حَلَبُ // دارُ سَلام

____

دَفْتَرُ رِضا // تَحْتَ دَفْتَر سُعاد

____

دارُ رِضا // قُرْبَ دار سُعاد

____

قَلْبُ بَغْداد // دارُ حَرْب

____

Traduisez les phrases verbales

فَتَحَتْ ماما مَطْعَمَ كَباب

____

رَكِبَتْ سُعادُ باصَ طَرابُلُس

____

كَبُرَتْ حَلَبُ ______________________

شَبِعَتْ سُعادُ ______________________

خَسِرَ رِضا ______________________

Séquence 124 : Le complément de nom

Analysons cette phrase verbale :

فَتَحَتْ	سُعَادُ	بَابَ	دَارِ	رِضَا
ouvrit	Su`ād	porte	demeure	Riḍā

Su`ād ouvrit la porte de la demeure de Riḍā

فَتَحَتْ	Verbe d'action conjugué au féminin singulier en accord avec son sujet féminin singulier
سُعَادُ	Sujet du verbe, portant à sa fin la ḍammaẗ (ou bref) qui est la marque du sujet
بَابَ	Complément d'objet direct du verbe, portant à sa fin la fatḥaẗ (a bref) qui est la marque du complément de verbe
دَارِ	Complément du nom qui le précède, portant à sa fin la kasraẗ (i bref) qui est la marque du complément de nom
رِضَا	Complément du nom qui le précède, portant à sa fin la kasraẗ qui est ici occultée car imprononçable avec un alif

Que nous apprend cette phrase ?

1. La marque du complément de nom est la kasraẗ ;
2. Celle-ci est sous-entendue quand ce complément de nom se termine par un alif.

Marquez les voyelles à la fin des mots de cette phrase

حَفِظَت سُعَاد دَرْس جَبْر رِضَا

Su`ād mémorisa (= apprit) la leçon d'algèbre de Riḍā

Séquence 125 : Nouveau verbe de changement d'état

Un son est, par nature, évanescent. Il est donc normal que le verbe *entendre, percevoir un son* soit un verbe de changement d'état passager. Traduisez :

سَمِعَ *il entendit* .... سَمِعْتَ ....

سَمِعَا .... سَمِعْتَا ....

سُمِعَ .... سُمِعْتَ ....

سُمِعَا .... سُمِعْتَا ....

سَامِع ....

Complétez le tableau des verbes de changement d'état passager

سَمِعَ ....

شَرِبَا ....

رَكِبْتَ ....

شَبِعْتَا ....

خَاسِر ....

غَرِقَ ....

طَرِبَا ....

رَبِحْتَ ....

حَفِظْتَا ....

قَابِل ....

عَشِقَ ....

À quoi reconnaît-on ces 11 verbes de changement d'état passager et réversible ?

Séquence 126 : La consonne « N »

- Comparons le « K » du français et de l'arabe : **K** ك . Tracez le **K** français en partant de la droite et notez la parenté avec les diagonales du ك arabe.
- Idem pour le « L » : **L** ل .
- Comparons aussi le « M » du français, du grec et de l'arabe : m μ م . Tracez le **μ** grec en partant de la droite : Vous noterez mieux la parenté avec le م :

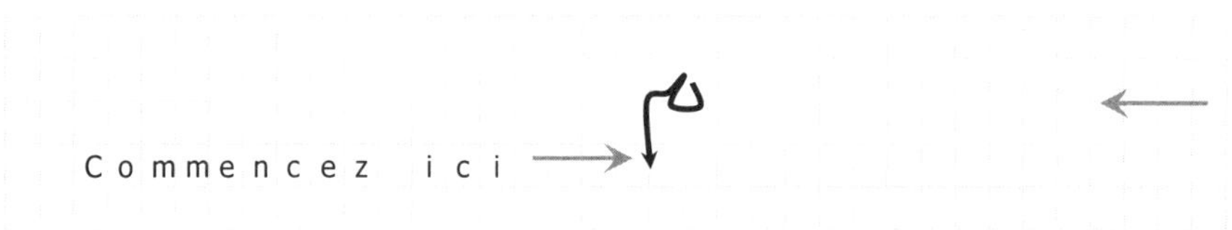

- Comparons enfin le « N » du français, le « nu » du grec qui s'écrit « ν » et le ن de l'arabe :

نَ نُ نِ نا

Traçons cette nouvelle consonne en deux temps :

Nouveau vocabulaire

(en provenance) de	مِنْ	*nous*	نَحْنُ
Cana	قانا	*Canada*	كَنَدا

D'où :

Nous (sommes) du Canada = نَحْنُ // مِنْ كَنَدا

Séquence 127 : Nouveau verbe d'action

Nouveau verbe d'action : *autoriser, permettre...* Traduisez :

سَمَحَ .... سَمَحَتْ ....

سَمَحَا .... سَمَحَتَا ....

سُمِحَ .... سُمِحَتْ ....

سُمِحَا .... سُمِحَتَا *elles 2 furent autorisées*

سَامِح ....

Complétez le tableau des verbes d'action

حَجَبَ ....

حُلِقَ ....

بَحَثَتْ ....

سُمِحَتْ ....

جَاذِب ....

فَتَحَ ....

دُرِسَ ....

كَسَرَتْ ....

خُبِزَتْ ....

ضَارِب ....

حَظَرَ ....

Les 11 verbes ci-dessus sont des verbes d'action. À quoi les reconnaissez-vous ?

Séquence 128 : Traduire des phrases

273

Ici, nous ne séparons plus phrases verbales et phrases nominales. C'est à vous de repérer la nature de la phrase :

سَمِعَتْ سُعادُ كَلْبَ رِضا

مَطْعَمُ بابا قُرْبَ مَطارِ حَلَب

عَشِقَ رِضا قَلْبَ حَلَب

مَطارُ طَرابُلُس قُرْبَ جَبَل

شَرِبَتْ ماما لِتْرَ شَراب

دارُ رِضا غَرْبَ *(à l'ouest de)* جَبَلِ بَغْداد

رَكِبا باصَ مَطارِ بَغْداد

مِصْرُ *(l'Égypte)* بَلَدُ سُعاد

Séquence 129 : Révision du vocabulaire

Traduisez :

سَمِعَا	________	مِصْر	________
قُبِلَتَا	________	بَلَد	________
عَشِقَتْ	________	سَفَر	________
رَكِبَ	________	مَطَار	________
طَرِبَتَا	________	حَرْب	________
حُفِظَ	________	مَطْعَم	________
شُرِبَتَا	________	سَلَام	________
غَرِقَتْ	________	شَرْق	________
رُبِحَا	________	مَشْرِق	*Machrek, Levant*
خَسِرَ	________	غَرْب	________
شَبِعَتْ	________	مَغْرِب	*Maghreb*
سَمَحَا	________	جَبَل	________
حُلِقَا	________	كُحْل	________
كُسِرَتَا	________	لَا	________
فَتَحَ	________	مِفْتَاح	________
بَحَثَ	________	دَفْتَر	________

Séquence 130 : Le participe actif / Nom d'agent

Les chiffres 1, 2 et 3 sont les trois consonnes du verbe :

Participe actif – Nom d'agent		Verbe
3 2ِ ا 1	⟵	3َ 2َ/ُ/ِ 1َ

Traduisez

________	شارِب	________	سامِع
________	رابِح	________	حافِظ
________	خاسِر	________	غارِق
________	حاجِب	________	راكِب
________	جاذِب	________	فاتِح
________	ضارِب	________	كاسِر
________	خابِز	________	سامِح
________	طارِب	________	قابِل
________	حاظِر	________	حالِق
________	باحِث	________	عاشِق
________	باسِط	*en paix, sain et sauf*	سالِم

Traduisez la phrase verbale

فَتَحَتْ سُعادُ بابَ دارِ رِضا

Séquence 131 : Écriture du « B » et du « N »

Ne pas confondre :

Le « N » : ن نـ ـنـ ـن

Le « B » : ب بـ ـبـ ـب

Traduisez

Pour rappel, les compléments de nom sont grisés :

ضَرَبَتْ سُعادُ ضارِبَ كَلْبِ رِضا

____

فَتَحَتْ ماما بابَ دارِ رِضا

____

رَكِبا باصَ مَطارِ بَغْداد

____

حَفِظَتْ سُعادُ مِفْتاحَ بابِ رِضا

____

دارُ رِضا شَرْقَ *(à l'est de)* جَبَلِ حَلَب

____

كَسَرَ زُجاجَ بابِ مَطْعَمِ رِضا

____

Séquence 132 : Noms et phrases

Nouveau vocabulaire

شَمْس *soleil*

قَمَر *lune*

Traduisez ces phrases nominales

رِضا مِنْ قانا ______________________

نَحْنُ مِنْ مِصْر ______________________

نَحْنُ قُرْبَ مَطْعَمِ سُعاد

____

مِصْرُ بَلَد ______________________

نَحْنُ مِنْ كَنَدا ______________________

دارُ رِضا غَرْبَ حَلَب

____

سُعادُ مِنْ بَغْداد ______________________

Nouveau vocabulaire

فَرَنْسا *France*

فَرَنْسا *France*

بانَما *Panama*

نابُلُس *Naplouse*

Traduisez ces phrases nominales

Nous (sommes) de France ______________________

Riḍā (est) de Naplouse ______________________

Séquence 133 : Exercice de traduction

Traduisez :

بَا بَا	________	مَا مَا	________
كُحْل	________	طَرابُلُس	________
لِتْر	________	مِتْر	________
سَفَر	________	كَلْب	________
حَلال	________	حَرام	________
عَرَق	________	عاشِق	________
شَرْق	________	مَشْرِق	________
ثَبات	________	كَباب	________
بَقَر	________	بَلَد	________
غَرْب	________	مَغْرِب	________
قَلْب	________	حَرْب	________
جَبَل	________	سَلام	________
عَرَب	________	مَجَر	________
مِفْتاح	________	كَبُرَتا	________
تَحْتَ	________	قُرْبَ	________
دَفْتَر	________	مَطار	________

Séquence 134 : Deux pays arabes

Nous savons que مِصْر désigne l'*Égypte*. Que désigne le nom propre لُبْنان ? (Pensez à l'anglais *Lebanon*) ______________________

Le nom de la lettre

د ذ ص ض ق ك ل

دال ذال صاد ضاد قاف كاف لام

Le premier interrogatif

Combien ? = كَمْ ؟

Le point d'interrogation en arabe est l'image miroir de son équivalent français.

Traduisez ces phrases nominales

نَحْنُ // مِنْ فَرَنْسا ______________________

كَمْ // نَحْنُ ؟ ______________________

بابُ دارِ رِضا // زُجاج ______________________

نَحْنُ // عَرَب ______________________

بابا // مِنْ نابُلُس ______________________

Traduisez ces phrases verbales

فَتَحَ رِضا بابَ ماما ______________________

شَرِبَتا عَرَقَ لُبْنان ______________________

Séquence 135 : « Que ? »

Nouvel interrogatif :

Que, quoi ? = ما ؟

Rappel : le point d'interrogation en arabe est l'image miroir de l'équivalent français.

Traduisez ces phrases nominales ou verbales

ما نَحْنُ ؟ ____________________

ما رَكِبَتْ سُعادُ ؟ ____________________

ما حَلَقَ رِضا ؟ ____________________

ما بَلَدُ سُعاد ؟ ____________________

ما قَبِلَتْ ماما ؟ ____________________

ما قُرْبَ دارِ رِضا ؟ ____________________

ما تَحْتَ دَفْتَرِ رِضا ؟ ____________________

Nouveaux lieux

Le Mont-Liban = جَبَلُ لُبْنان

Gibraltar = جَبَلُ طارِق

Prénom du chef musulman qui traversa ce détroit

Traduisez

مِصْر ____________ لُبْنان ____________

كَمْ ؟ ____________ مَطار ____________

مَطْعَم ____________ حَلال ____________

Séquence 136 : Un restaurant de kébab

Traduisez les expressions :

خُبْثُ طارِق	____________________
ثَباتُ مِصْر	____________________
عَرَقُ لُبْنان	____________________
كُحْلُ سُعاد	____________________
بَلَدُ رِضا	____________________
كَلْبُ بابا	____________________
قَلْبُ ماما	____________________
مَطارُ بَغْداد	____________________
مَطْعَمُ كَباب	*Un restaurant de kébab*
غَرْبُ فَرَنْسا	____________________
عَرَبُ كَنَدا	____________________
لِتْرُ شَراب	____________________
شَمْسُ حَلَب	____________________
باصُ نابُلُس	____________________
جَبَلُ طارِق	____________________
دَفْتَرُ جاد	____________________

Séquence 137 : Du français vers l'arabe

Traduisez ces phrases :

Que sommes-nous ? ________________________________

Su`ād rasa la moustache de Riḍā. ________________________________

Nous sommes Arabes. ________________________________

Elle prit le bus de Tripoli. ________________________________

Nous sommes Hongrois. ________________________________

Il conquit Gibraltar. ________________________________

Maman est d'Alep. ________________________________

Il s'éprit du Mont-Liban. ________________________________

Papa est chercheur. ________________________________

Elle conserva le cahier de Riḍā. ________________________________

Nous sommes d'Égypte. ________________________________

Eux deux entendirent le chien de Papa. ________________________________

Le Liban est terre de paix. ________________________________

Elles 2 acceptèrent le pain de Su`ād. ________________________________

La maison de Riḍā est à l'est d'Alep. ________________________________

Séquence 138 : Un passager de bus

Traduisez les expressions :

___________________	زُجاجُ باب
___________________	سَفَرُ طارِق
___________________	تاجُ سُعاد
___________________	سَلامُ رِضا
___________________	فَتْحُ قانا
___________________	مِفْتاحُ باب
___________________	شَرْقُ طَرابُلُس
___________________	دَفْتَرُ جَبْر
___________________	عَرَقُ لُبْنان
___________________	حَرْبُ باناما
___________________	بابُ دار
Un passager de bus	راكِبُ باص
___________________	عاشِقُ سُعاد
___________________	دارُ حَرْب
___________________	دارُ سَلام
___________________	كَبابُ بَقَر

Séquence 139 : « Qui ? »

Nouvel interrogatif :

Qui ? = مَـــنْ ؟

Rappel : le point d'interrogation en arabe est l'image miroir de l'équivalent français.

Ne pas confondre مَـــنْ (*qui*) et مِـــنْ (*en provenance de*) !

Traduisez ces phrases

274 La lecture est moins aisée quand le connecteur est réduit ! Il faudra pourtant s'y faire, peu à peu.

مَـــنْ نَـــحْـــنُ ؟ ______________________________

مَنْ رَكِبَ باصَ حَلَب ؟ ______________________________

مـــا نَـــحْـــنُ ؟ ______________________________

مَنْ شَرِبَ لِتْرَ عَرَق ؟ ______________________________

كَـــمْ نَـــحْـــنُ ؟ ______________________________

مَنْ فَتَحَ جَبَلَ طارِق ؟ ______________________________

سُـــعـــادُ مِـــنْ مِـــصْـــر . ______________________________

مَنْ عَشِقَ جَبَلَ لُبْنان ؟ ______________________________

كَمْ عَرَبُ فَرَنْسا ؟ ______________________________

نَحْنُ مِنْ نابُلُس . ______________________________

مَـــنْ غَـــرِقَ ؟ ______________________________

مَنْ فَتَحَ مَطْعَمَ كَباب ؟ ______________________________

Séquence 140 : Les deux « Qui »

En français, ***qui*** est interrogatif ou relatif :

- ***Qui*** interrogatif : ***Qui*** *sommes-nous ?*
- ***Qui*** relatif : ***Qui*** *m'aime me suive ! = Que celui* ***qui*** *m'aime me suive !*

Il en va de même en arabe :

مَـــنْ نَـــحْـــنُ ؟ = *Qui sommes-nous ?*

مَـــنْ سَـــمِـــعَ طَـــرِبَ ! = *Qui entendit s'extasia !*

Traduisez ces phrases

مَـــنْ دَرَسَ حَـــفِـــظَ . ______________________

مَنْ كَسَرَ بابَ سُعاد ؟ ______________________

مَـــنْ قَـــبِـــلَ شَـــكَـــرَ . ______________________

مَنْ حَظَرَ عَرَق لُبْنان ؟ ______________________

مَـــنْ فَـــتَـــحَ رَبِـــحَ . ______________________

مَنْ ضَرَبَ كَلْبَ طارِق ؟ ______________________

مَـــنْ قَـــبِـــلَ سَـــمَـــحَ . ______________________

مَنْ جَذَبَ قَلْبَ سُعاد ؟ ______________________

مَـــنْ سَـــمِـــعَ طَـــرِبَ . ______________________

مَنْ حَجَبَ مِفْتاحَ جاد ؟ ______________________

مَنْ est relatif ou interrogatif !

Séquence 141 : Exercice de traduction

Traduisez ces paires :

حَلال	________	حَرام	________
مَشْرِق	________	مَغْرِب	________
لا	________	نَعَمْ	*Oui*
شَرْق	________	غَرْب	________
حَظَرَ	________	سَمَحَ	________
ماما	________	بابا	________
سَلام	________	حَرْب	________
رابِح	________	خاسِر	________
باب	________	مِفْتاح	________
بَقَر	________	دَجاج	________
مَنْ ؟	________	ما ؟	________
سَمِعَ	________	طَرِبَ	________
زُجاج	________	ذُباب	________
عَرَق	________	شَراب	________

Traduisez la phrase

كَمْ نِفْطُ مِصْر ؟ ________________

pétrole

Séquence 142 : Les cousins éloignés

Revoyez la **séquence 126** qui signale la parenté **graphique** entre certaines lettres de l'arabe et leurs équivalents respectifs de l'alphabet français ou grec :

K	ـك	ك
L	ـل	ل
M français / **μ** grec	ـم	م

Et le « **N** français / *ν* grec », diriez-vous ?

Le ن de l'arabe s'écrit aussi ن, ce qui le rapproche du « **N** français / *ν* grec ». Y aurait-il une origine commune à tous ces alphabets ? Sans doute l'alphabet phénicien. D'ailleurs, la suite de l'alphabet arabe, ه , est un triangle arrondi aux angles qui rappelle la forme du « **O** » français !

Pour tracer cette nouvelle lettre, je commence par le sommet du triangle, descends vers la droite jusqu'à la ligne de référence, trace la base qui est large d'un demi-centimètre et remonte pour fermer le triangle :

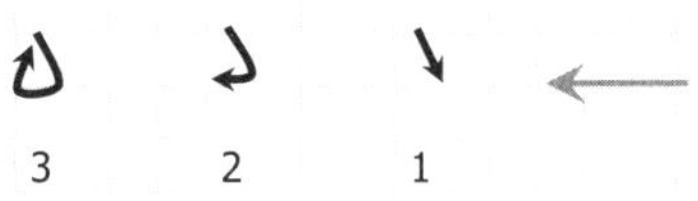

En fait, cette lettre est un triangle arrondi dont le tracé commence et se termine au sommet.

Si je dois la connecter à la lettre suivante, je redescends du sommet par un trait courbé qui finit sur la ligne de référence et je trace alors mon connecteur :

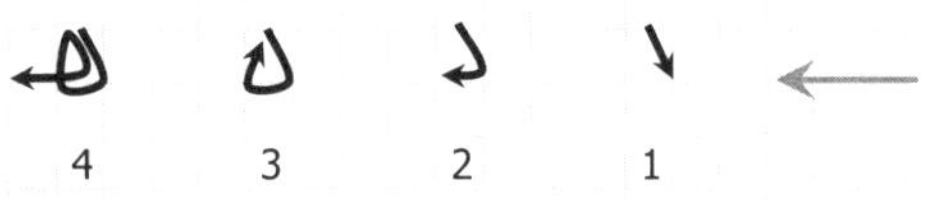

هَ هُ هِ هـا

Séquence 143 : La consonne « H »

Supposons maintenant que cette nouvelle lettre ه se retrouve au milieu d'un mot.

En arrivant du connecteur qui précède ma lettre, je commence par tracer un trait qui monte jusqu'au sommet du triangle. Je trace ensuite celui-ci en le terminant à son sommet, puis redescends par une ligne courbe jusqu'à la ligne de référence pour le nouveau connecteur :

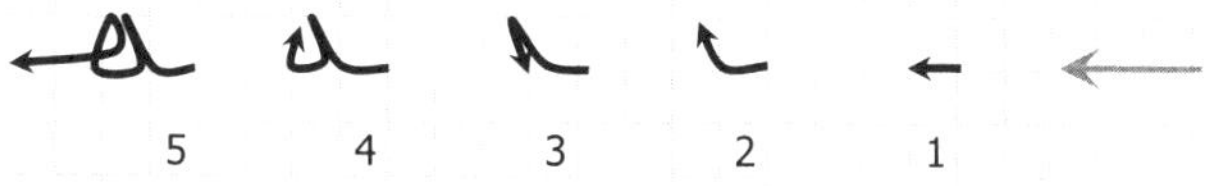

Récapitulons :

Toute seule : 

Au début du mot : 

Au milieu du mot : 

Écrivez

Exercez-vous à tracer cette lettre :

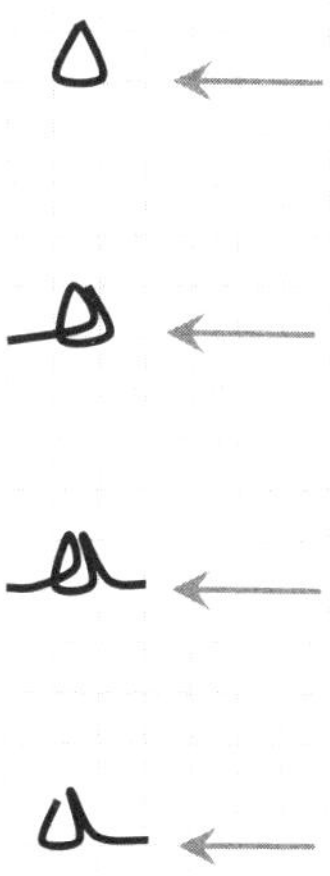

À la fin du mot

Séquence 144 : Prononcer la consonne « H »

Cette lettre ه est un « H » fortement expiré, comme dans l'anglais « **h**ave » ou comme dans l'allemand « **H**ans ».

Dans l'imprimerie contemporaine, elle est quelque peu stylisée quand elle figure au milieu d'un mot :

هَ هُ هِ هـا ـهـ

Ainsi :

Téhéran طَهْران *il alla* ذَهَبَ *Shah (d'Iran)* شاه

Écoutez et répétez

Fichier son 20

Répétez les trois mots ci-dessus.

Traduisez ce nouveau verbe d'action

ذَهَبَ *il alla* ذَهَبا

ذَهَبَتْ ذَهَبَتا

ذاهِب

Traduisez ces phrases

ذَهَبَتْ سُعادُ مِنْ طَهْران .

____

مَنْ شاهُ طَهْران ؟

____

Séquence 145 : Révision de l'alphabet

Lisez :

ا بَ تُ ثِ جَ حُ خِ دَ ذُ رِ زَ سُ شِ صَ

ضُ طِ ظَ عُ غِ فَ قُ كِ لَ مُ نِ هَ هُ هِ

Nouveau vocabulaire

شاه	*Shah (d'Iran)*	بُرْنُس	*burnous*
حَسَن	*Hassan (prénom)*	شَهْرَزاد	*Shéhérazade*
نَهار	*jour*	طَهْران	*Téhéran*

Traduisez ces paires

بَغْداد	________	طَهْران	________
نَهار	________	شَمْس	________
شَهْرَزاد	________	سُعاد	________
رِضا	________	حَسَن	________
شاه	________	باشا	________
ذَهَبَ	________	سَفَر	________
مَنْ ؟	________	ما ؟	________
مِصْر	________	لُبْنان	________
حِجاب	________	بُرْنُس	________

Séquence 146 : Sans connecteur !

Dans les **séquences 139 et 140**, vous avez vu quelques phrases où les mots étaient tracés sans connecteur. Ceci donne aux mots une forme plus ramassée. Il faudra s'habituer à cette graphie qui est moins lisible mais qui est la règle dans les textes imprimés, car elle est moins gourmande en espace. Moins d'encre, moins de papier… C'est écologique, certes, mais moins commode aussi. Regardez la différence :

حَجَبَ / حَـــجَـــبَ   فَتَحَ / فَـــتَـــحَ   سَمَحَ / سَـــمَـــحَ

Revoyons ci-après une partie de notre vocabulaire, présentée en forme ramassée :

qui	مَنْ	*allant*	ذاهِب	*jour*	نَهار
de	مِنْ	*cœur*	قَلْب	*chien*	كَلْب
nous	نَحْنُ	*restaurant*	مَطْعَم	*Téhéran*	طَهْران
shah	شاه	*arak*	عَرَق	*burnous*	بُرْنُس
non	لا	*Ouest*	غَرْب	*embargo*	حَظْر
oui	نَعَمْ	*Est, Orient*	شَرْق	*paix*	سَلام
pain	خُبْز	*Liban*	لُبْنان	*soleil*	شَمْس
porte	باب	*voyage*	سَفَر	*demeure*	دار
lune	قَمَر	*Égypte*	مِصْر	*cahier*	دَفْتَر
clé	مِفْتاح	*guerre*	حَرْب	*parti*	حِزْب
bœuf	بَقَر	*poulet*	دَجاج	*kébab*	كَباب
pays	بَلَد	*leçon*	دَرْس	*Arabes*	عَرَب

Séquence 147 : Nouveau verbe de changement d'état

سَهِرَ — *il veilla, ne dormit point* — سَهِرَتْ

سَهِرَا — سَهِرَتَا

سَاهِر

État passager, bien sûr, car le sommeil finit toujours par gagner le veilleur !

Révision des verbes de changement d'état passager. Traduisez :

شَرِبَ ________ خَسِرَا ________

عَشِقَتْ ________ طَرِبَتَا ________

سُمِعَ ________ حُفِظَا ________

رُبِحَتْ ________ رُكِبَتَا ________

سَهِرَ ________ غَرِقَا ________

قَبِلَتْ ________ شَبِعَتَا ________

Les verbes ci-dessus sont des verbes de changement d'état passager. À quoi les reconnaissez-vous ?

Traduisez ces phrases

مَا حَدَثَ ؟ ________________________

كَمْ رَبِحَ ؟ ________________________

مَنْ سَهِرَ ؟ ________________________

مَنْ عَشِقَ سَهِرَ . ________________________

Séquence 148 : Une nouvelle voyelle longue

Une nouvelle lettre dans l'alphabet arabe : La voyelle « **ou** long », qui ressemble graphiquement au « **ou** bref » que l'on appelle en arabe ḍammaẗ.

ou bref	ُ	**ou** long	و

Phonétiquement, le « ou long » correspond au même son que le « ou bref », sauf qu'il est deux fois plus long !

Notons aussi que le « ou long » ne se connecte pas à la lettre qui suit dans le mot. Ci-après le rappel des six lettres qui ne se connectent pas aux suivantes :

ا د ذ ر ز و

Nouveau vocabulaire

Tyr	صـــو ر	*Rome*	ر و مـــا	*Tunis, Tunisie*	تــــو نِـــس

Les participes actif et passif

Nous savons que كــا سِـــر *cassant, casseur* est le participe actif de كَـسَـرَ *il cassa*. Notons maintenant que le participe passif de ce verbe est مَـــكْـــســـو ر *cassé*. En règle générale (sinon absolue) :

3 و 2 1ْ مَـ ⟵	3 2ِ ا 1 ⟵	3َ 2َ 1َ
Participe passif ou Nom d'objet	**Participe actif ou Nom d'agent**	**Verbe**
(celui qui subit l'action)	(celui qui effectue l'action)	
مَـــكْـــســـو ر	كــا سِـــر	كَـسَـرَ
cassé	*cassant, casseur*	*il cassa*

Écoutez et répétez les 3 mots ci-dessus

Fichier son 21

Séquence 149 : Le participe passif (passé)

Complétez ce tableau :

ouvert	مَفْتوح	*ouvrant*	فاتِح	*il ouvrit*	فَتَحَ
					كَسَرَ
				il frappa	
			شارِب		
		voilant			
	مَسْموع				
prohibé					
					جَذَبَ
				il accepta	
			راكِب		
		rasant			
	مَحْفوظ				
autorisé					
					خَبَزَ
				il étudia	

Que m'apprend ce tableau ?

Que la langue arabe est une langue à dérivation, c'est-à-dire une langue où il suffit de connaître la racine du verbe (c'est-à-dire ses trois consonnes) ainsi que le schème (= modèle) d'un mot pour dériver celui-ci et enrichir, à l'envi, son propre vocabulaire.

Exemple : le verbe *il comprit* (la leçon) se dit فَهِمَ . Comment dites-vous :

Comprenant ________________ *Compris* ________________

Séquence 150 : Le changement d'état réversible

Il nous faudra démontrer que la langue arabe est logique de bout en bout.

À cette fin, pouvez-vous expliquer pour quelle raison chacun des verbes suivants est un verbe de changement d'état réversible :

________________________________	سَمِعَ
Pensez à l'usure du temps !	حَفِظَ
________________________________	رَبِحَ
________________________________	خَسِرَ
Pensez à l'évaporation !	شَرِبَ
________________________________	فَهِمَ
________________________________	سَهِرَ
________________________________	عَشِقَ
Pensez à la gravité qui attire vers le bas !	رَكِبَ
________________________________	قَبِلَ
________________________________	طَرِبَ
Pensez à la poussée d'Archimède !	غَرِقَ
________________________________	شَبِعَ

Complétez :

Tous ces verbes se reconnaissent à la voyelle « i bref » ou kasraẗ sous leur _______ consonne.

Séquence 151 : Verbe et participe passifs

274

Il manquait, au tableau de la **séquence 149**, un élément important : Le verbe conjugué à la voix passive. Le voici ! Complétez ce tableau :

مَشْرُوب	شُرِبَ	*il fut bu*	شَارِب	شَرِبَ	*il but*
______	______	______	______	سَمِعَ	______
______	______	______	كَاسِر	______	______
______	______	*il fut étudié*	______	______	______
______	حُفِظَ	______	______	______	______
مَبْحُوث	______	______	______	______	______
______	______	______	______	______	*il panifia*
______	______	______	______	جَذَبَ	______
______	______	______	ضَارِب	______	______
______	______	*il fut ouvert*	______	______	______
______	فُهِمَ	______	______	______	______
مَرْكُوب	______	______	______	______	______
______	______	______	______	______	*il voila*
______	______	______	______	حَظَرَ	______
______	______	______	قَابِل	______	______
______	______	*il fut rasé*	______	______	______
______	سُمِحَ	______	______	______	______

Au verbe actif correspond un participe actif ; au verbe passif, un participe passif. Logique !

Séquence 152 : Le « OU », consonne ou voyelle ?

Dans le mot français « **ou**ate » (de coton), le son « **ou** » n'est pas une voyelle mais une consonne comme dans le mot (d'origine anglaise) kilo**w**att.

Ainsi, en français, le son « **ou** » a deux valeurs phonétiques :

- Voyelle, comme dans hib**ou**, ch**ou**, gen**ou**, p**ou**, caill**ou**…
- Consonne, comme dans **ou**ate, **ou**i, **ou**ed, **ou**istiti…

Il en va de même en arabe où le son و a deux valeurs phonétiques :

- Voyelle, comme dans مَكْسور , مَقْبول …
- Consonne, comme dans وَلَد *enfant*, مَوْلِد *date de naissance…*

Il arrive d'ailleurs que la lettre و soit une fois consonne et une fois voyelle dans le même mot arabe : مَوْلود *né, enfanté*

Voyelle « ou long » ← → Consonne « w »

Écoutez et répétez

Fichier son 22

وَلَدَ / والِد / وُلِدَ / مَوْلود

il engendra — *géniteur* — *il fut enfanté* — *né, enfanté*

Nouveau vocabulaire

Rome	روما	*Tyr*	صور	*Tunis, Tunisie*	تونِس
lumière	نور	*souk*	سوق	*Oran*	وَهْران
Russes	روس	*il engendra*	وَلَدَ	*délégation, mission*	وَفْد

Séquence 153 : Le nom de la lettre

Voici les noms de certaines lettres déjà étudiées :

د	ذ	ص	ض
د ا ل	ذ ا ل	صـــا د	ضـــا د

ق	ك	ل	ن	و
قـــا ف	كـــا ف	لا م	نـــو ن	و ا و

Traduisez

كُـحْـل	________	عَـرَ ق	________
لِـتْـر	________	شَـرَ ا ب	________
نَـفْـط	________	بَـلَـد	________
بـا نـا مـا	________	مِـصْـر	________
لُـبْـنـا ن	________	كَـنَـد ا	________
فِـرَ نْـسـا	________	تـو نِـس	________
مَـغْـرِ ب	________	مَـشْـرِ ق	________
مَـطـا ر	________	سَـفَـر	________
مـا ؟	________	مَـنْ ؟	________
كَـمْ ؟	________	مِـنْ	________
نَـعَـمْ	________	لا	________

Séquence 154 : Le pronom « il »

Voici un nouveau pronom personnel :

nous نَحْنُ   *il* هُوَ

Traduisez ces phrases

هُوَ مِنْ طَرابُلُس . ____________________

مَنْ هُوَ ؟ ____________________

نَحْنُ مِنْ حَلَب . ____________________

هُوَ مِنْ شَرْقِ تونِس . ____________________

Notre première conjonction de coordination

et وَ

Étant formé d'une seule lettre, ce mot se colle à celui le suit. Voici donc une nouvelle règle graphique de l'arabe : Tout mot constitué d'une seule lettre se rattache au mot suivant, comme s'il en faisait partie ! C'est parfois troublant.

Traduisez ces phrases

ماما وَبابا مِنْ جَبَلِ لُبْنان .

____

هُوَ وَرِضا مِنْ غَرْبِ نابُلُس .

____

هُوَ وَجاد مِنْ قانا .

____

Séquence 155 : Exercice de traduction

Traduisez ce vocabulaire :

كَلْب	____________	مِتْر	____________
زُجاج	____________	حَلال	____________
عَرَب	____________	حَرام	____________
حَجَر	____________	قَمَر	____________
قَلْب	____________	شَمْس	____________
فَتْح	____________	سَلام	____________
مَطْعَم	____________	مِفْتاح	____________

Traduisez ces participes

حاجِب	____________	مَحْجوب	____________
سامِع	____________	مَسْموع	____________
حافِظ	____________	مَحْفوظ	____________
شارِب	____________	مَشْروب	____________
راكِب	____________	مَرْكوب	____________
باحِث	____________	مَبْحوث	____________
فاتِح	____________	مَفْتوح	____________
دارِس	____________	مَدْروس	____________

Séquence 156 : Des pays et des villes

Traduisez ces phrases nominales :

هُوَ مِنْ صور ____________________

نَحْنُ مِنْ فاس (au Maroc) ____________________

هُوَ مِنْ لُبْنان ____________________

نَحْنُ مِنْ تونِس ____________________

هُوَ مِنْ وَهْران ____________________

نَحْنُ مِنْ حَلَب ____________________

بابا مِنْ نابُلُس ____________________

ماما مِنْ قانا ____________________

هُوَ مِنْ طَرابُلُس ____________________

نَحْنُ مِنْ فَرَنْسا ____________________

هُوَ مِنْ روما ____________________

نَحْنُ مِنْ لُنْدُن ____________________

هُوَ مِنْ بَغْداد ____________________

هُوَ مِنْ جَبَلِ لُبْنان ____________________

نَحْنُ مِنْ طَهْران ____________________

نَحْنُ مِنْ شَرْقِ مِصْر ____________________

Séquence 157 : Le tableau des participes

Complétez ce tableau :

مَكْسُور	كُسِرَ	كاسِر	كَسَرَ
______	______	______	ضَرَبَ
______	______	حالِق	______
______	سُمِحَ	______	______
مَجْذُوب	______	______	______
______	______	______	خَبَزَ
______	______	عاشِق	______
______	فُهِمَ	______	______
مَقْبُول	______	______	______
______	______	______	حَظَرَ
______	______	والِد	______

Donnez le féminin des verbes suivants

______	شَبِعَ	______	غَرِقَ
______	رَبِحَ	______	سَهِرَ
______	طَرِبَ	______	خَسِرَ
______	ذَهَبَ	______	حَدَثَ

Séquence 158 : Un snack de falafels

Rappel !

Les lettres suivantes ne se connectent pas ***à celles qui les suivent*** dans un mot :

ا ، د ، ذ ، ر ، ز ، و ،

Ainsi :

دَجاج جَذَبَ تُراب حِزْب مَحْجوب

Traduisez ces phrases

فَتَحَ رِضا بابَ دارِ سُعاد .

____

بابُ دارِ رِضا زُجاج .

____

نَحْنُ عَرَب مِنْ مِصْر .

____

كَبابُ مَطْعَمِ رِضا مَقْبول .

______________________________ *acceptable*

بابا وَماما مِنْ نابُلُس .

____

فَتَحَتْ سُعادُ مَطْعَمَ فَلافِل .

______________________________ *falafels*

Séquence 159 : Le verbe passif

Traduisez ces verbes :

Elles 2 furent acceptées ____________ *Elles 2 furent cassées* ____________

Eux 2 furent rasés ____________ *Eux 2 furent étudiés* ____________

Elle fut perdue ____________ *Elle fut gagnée* ____________

Il fut conquis ____________ *Il fut entendu* ____________

Traduisez les noms suivants

Pain ______________ *Parti* ______________

Voile ______________ *Algèbre* ______________

Porte ______________ *Huissier* ______________

Pacha ______________ *Couronne* ______________

Papa ______________ *Chercheur* ______________

Bazar ______________ *Poulet* ______________

Garnison ______________ *Accident* ______________

Verre ______________ *Sous* ______________

Burnous ______________ *Shah* ______________

Non ______________ *Litre* ______________

Séquence 160 : Le tableau de dérivation

Rappel du verbe d'action !

Les trois consonnes d'un verbe d'action portent chacune un « a bref » :

بَحَثَ ، حَجَبَ ، جَذَبَ .

À la voix passive, ces verbes se transforment en :

بُحِثَ ، حُجِبَ ، جُذِبَ .

Et l'auteur de l'action (le participe actif ou nom d'agent) se dira :

بَاحِث ، حَاجِب ، جَاذِب .

Le féminin du verbe d'action se construit ainsi :

بَحَثَتْ ، حَجَبَتْ ، جَذَبَتْ .

Et le passif du verbe au féminin :

بُحِثَتْ ، حُجِبَتْ ، جُذِبَتْ .

Tableau de dérivation

Étudiez attentivement (puis mémorisez) ce tableau :

1َ 2َ 3َ / دَرَسَ

Verbe d'action

1َ 2ِ 3َ / سَمِعَ

Verbe de changement d'état passager

1َ 2ُ 3َ / كَبُرَ

Verbe de changement d'état permanent

→ 1 ا 2ِ 3 → مَـ 1ْ 2 و 3

Participe actif	Participe passif
Exemple :	Exemple :
سَامِع	مَدْرُوس
(*entendant*)	(*étudié*)

Séquence 161 : Exercice de traduction

Traduisez :

سَبْت	________	دَرْس	________
تاج	________	حِجاب	________
شَراب	________	باشا	________
حَجَبَ	________	حاجِب	________
بَحَثَ	________	باحِث	________
دَرَسَ	________	شَرِبَ	________
تَحْتَ	________	خُبْث	________
دَجاج	________	ذُباب	________
رَجَب	________	شارِب	________
دار	________	حِزْب	________
خُبْز	________	بازار	________
باتا	________	ثَبات	________
خَسِرَتْ	________	دَرَسَتْ	________
شَرِبَتْ	________	سَبْت	________
جَذَبَ	________	رَبِح	________
باب	________	بابا	________

Séquence 162 : Interdentales et emphatiques

Prononcez :

سَبْت / ثَبات / صاد

دَجاج / ضَرَبَ

ذَهَبَ / خَبَزَ / حَظَرَ

طَرَب / تَحْتَ

Quel est le contraire de...

حَلال	__________	مَشْرِق	__________
رابِح	__________	حُظِرَ	__________

Traduisez ces phrases

كَمْ نَحْنُ ؟ ____________________

مَنْ رَكِبَ باصَ حَلَب ؟ ____________________

مَنْ سَمِعَ سُعادَ ؟ ____________________

مَنْ سَمِعَ سُعادَ طَرِبَ . ____________________

نَحْنُ وَرِضا مِنْ جَبَلِ لُبْنان . ____________________

Vocabulaire

لُنْدُن	*Londres*	فَلافِل	*falafels*
روما	*Rome*	كَباب	*kébab*
صَدْر	*poitrine*	دَجاج	*poulet*

Séquence 163 : Verbes d'action

Traduisez ces verbes d'action :

Il frappa	______________	*Il eut lieu*	______________
Il cacha	______________	*Il attira*	______________
Il chercha	______________	*Il étudia*	______________
Il cassa	______________	*Il panifia*	______________
Il rasa	______________	*Il alla*	______________
Il autorisa	______________	*Il ouvrit*	______________
Il prohiba	______________	*Il engendra*	______________

Traduisez

حِجاز	______________	خَسِرَ	______________
جَبْر	______________	تُراب	______________
حُجِبَ	______________	رَبِحَ	______________
دارِس	______________	باشا	______________
حادِث	______________	زُجاج	______________
طَرَب	______________	عاشِق	______________
صاد	______________	ضاد	______________

Séquence 164 : Révision de l'alphabet

Traduisez ces phrases verbales ou nominales :

نَحْنُ مِنْ لُنْدُن ____________________

هُوَ مِنْ روما ____________________

هُوَ مِنْ عَرَبِ روما ____________________

سَهِرَ وَدَرَسَ ____________________

دَرَسَ وَحَفِظَ ____________________

ضَرَبَتْ وَكَسَرَتْ ____________________

سَمِعَتْ وَطَرِبَتْ ____________________

Vocabulaire

حَلال	*ḥalāl, licite*	حَرام	*illicite, ḥarām*
شَرْق	*Est, Orient*	غَرْب	*Ouest, Occident*
مَشْرِق	*Levant, Machrek*	مَغْرِب	*Maghreb*
نِفْط	*pétrole*	بَلَد	*pays*
تُونِس	*Tunis*	تُونِس	*Tunisie*

Révision de l'alphabet. Lisez

ا بَ تُ ثِ جَ حُ خِ دَ ذُ رِ زَ سُ شِ صَ

ضُ طِ ظَ عُ غِ فَ قُ كِ لَ مُ نِ هَ وُ وِ

Séquence 165 : Quelle est la différence ?

Quelle est la différence...

Entre مَفْتوح et مِفْتاح ? ____________

Entre خَبْز et خُبْز ? ____________

Entre شَرْق et مَشْرِق ? ____________

Entre شَكَرَ et شاكِر ? ____________

Traduisez

حِجاز	____________	خَسِرَ	____________
جَبْر	____________	تُراب	____________
حُجِبَ	____________	رَبِحَ	____________
دارِس	____________	باشا	____________
حادِث	____________	زُجاج	____________
طَرَب	____________	عاشِق	____________
صاد	____________	ضاد	____________
باص	____________	رِباط	____________
رِضا	____________	نِفْط	____________
صَدْر	____________	عَرَب	____________
حَظْر	____________	غَرْب	____________
سوق	____________	بازار	____________

Séquence 166 : Consonne ou voyelle ?

La lettre suivante dans l'alphabet arabe correspond à notre « Y », tant phonétiquement que graphiquement.

Phonétiquement, le « Y » du français est parfois consonne, parfois voyelle, à l'instar de la lettre précédente de l'alphabet arabe qui est voyelle « ou » / consonne « w ».

Dans le nom « lys », le « Y » se prononce comme un « i » : C'est donc une voyelle.

Mais, dans les noms « yacht », « yéti » et « yaourt », le « Y » est une consonne suivie respectivement des voyelles françaises « a », « é » et « a ». Ici, le « Y » est un « i mouillé » qui se prononce comme la dernière syllabe du mot « fam**ille** ».

Pareillement, le « Y » de l'arabe se comportera tantôt comme une consonne, tantôt comme une voyelle.

Du point de vue graphique, la parenté entre le « Y » français et le « Y » arabe est également frappante.

Il suffit, pour s'en rendre compte, de tracer le « Y » français à partir de la droite (c'est-à-dire dans le sens de l'écriture arabe) et sans lever le crayon. Cela donnerait :

Voici maintenant le « Y » de l'arabe :

Et, en caractères imprimés :

يَ يُ يِ

Prononcer un « I long » dans le mot suivant : فــي (fī) ;

Prononcer une consonne dans le mot suivant : ســر ا ي qui a donné le français *sérail*.

Séquence 167 : Le nom de l'action

275

Avant de compléter ce tableau, revoyez la **séquence 77** :

action de frapper	ضَـــرْ ب	*il frappa*	ضَـــرَ بَ
______	______	______	خَـــبَـــزَ
______	______	*il rechercha*	______
______	دَ رْ س	______	______
action de cacher	______	______	______
______	______	______	جَـــذَ بَ
______	______	*il cassa*	______
______	حَـــلْـــق	______	______
action d'ouvrir	______	______	______
______	______	______	حَـــظَـــرَ

Traduisez ces phrases

Il est de Tunisie. ______________________

Nous sommes de Tyr. ______________________

Il vient du Canada. ______________________

Qui est-il ? ______________________

Combien sommes-nous ? ______________________

Elle remercia et s'en fut. ______________________

Séquence 168 : L'orthographe du « Y » arabe

Qu'advient-il de cette (belle) lettre « Y » quand elle se connecte ?

Il n'en reste presque plus rien, tout comme les ب ، ت ، ث ، ن :

ي　ـيـ　ـيـ　ـي

Un point en bas	ـبـ	ب
2 points en bas	ـيـ	ي
Un point en haut	ـنـ	ن
2 points en haut	ـتـ	ت
3 points en haut	ـثـ	ث

Nouveau vocabulaire

Le « Y » en tant que voyelle « i long » :

Paris	بـا ر يـس	*dans* (préposition)	فـي
Madrid	مَـدْ ر يـد	*puits*	بـيـر

Le « Y » en tant que consonne « i mouillé » :

sérail	سَـر ا ي	*Beyrouth*	بَـيْـر و ت

Écoutez et répétez

Fichier son 23

Répétez les six mots ci-dessus.

L'alphabet est presque terminé !

Séquence 169 : Le tableau de dérivation étymologique

275 Dérivation à partir du verbe d'action. Complétez le tableau :

Participe passif	←	Verbe passif	←	Participe actif	←	Verbe actif	←	Nom de l'action
مَخْبوز	/	خُبِزَ		خابِز	/	خَبَزَ		خَبْز
________	/	________		________	/	________		حَجْب
________	/	________		________	/	دَرَسَ		________
________	/	________		ضارِب	/	________		________
________	/	كُسِرَ		________	/	________		________
________	/	________		________	/	________		حَلْق
________	/	________		________	/	حَظَرَ		________
________	/	________		فاتِح	/	________		________
________	/	بُحِثَ		________	/	________		________

Traduisez ces phrases

شَكَرَ رِضا وَذَهَبَ . ______________________________

شَهْرَزادُ مِنْ مِصْر لا مِنْ لُبْنان . ______________________________

بابُ دارِ رِضا مَفْتوح . ______________________________

مَنْ **ذَهَبَ مِنْ** حَلَب ؟ ______ *quitta (s'en alla d')* ______

مَنْ فَتَحَ مَطْعَمَ فَلافِل ؟ ______________________________

دارُ جاد قُرْبَ مَطْعَمِ سُعاد . ______________________________

Séquence 170 : Les six voyelles de l'arabe

Avec la voyelle « I long », nous venons de compléter l'ensemble des voyelles de l'arabe : « a bref » et « a long », « ou bref » et « ou long », « i bref » et « i long », ainsi que « l'absence de voyelle ». Les voici :

ـَ ا ـُ و ـِ ي ـْ

Conclusion : L'arabe est une langue riche en consonnes et pauvre en voyelles. Pas de « e » ni de « u », pas de « é » ni de « è », pas de « o » non plus…

Traduisez ces phrases

نَحْنُ مِنْ بَيْروت ____________________

هُوَ في باريس ____________________

سَرايُ بَيْروت مَفْتوح

____

رَكِبَتْ سُعادُ باصَ صور

____

هُوَ في مَدْريد لا في باريس

____

شَكَرَتْ سُعادُ رِضا وَذَهَبَتْ

____

عَشِقَ رِضا قَلْبَ بَيْروت

____

Séquence 171 : Révision du vocabulaire

Traduisez :

Il veilla	_______________	*Il coula*	_______________
Il agréa	_______________	*Il mangea à satiété*	_______________
Il monta	_______________	*Entendu*	_______________
Pays	_______________	*Montagne*	_______________
Chien	_______________	*Voyage*	_______________
Demeure	_______________	*Souk*	_______________
Papa	_______________	*Pacha*	_______________
Mètre	_______________	*Aéroport*	_______________
Cœur	_______________	*Restaurant*	_______________
Soleil	_______________	*Combien ?*	_______________
Lune	_______________	*France*	_______________
Kébab	_______________	*(En provenance) de*	_______________
Pétrole	_______________	*Passager*	_______________
Qui ?	_______________	*Quoi ?*	_______________
Amant	_______________	*Clé*	_______________

Séquence 172 : Le vocatif

Révision de l'alphabet

ا ب ت ث ج ح خ د ذ ر ز س ش ص

ض ط ظ ع غ ف ق ك ل م ن ه و ي

Le vocatif

Pour appeler quelqu'un, en arabe, je prononce le vocatif يـــا avant son prénom :

يـــا رِضـــا ! = *Ô Riḍā !*

Traduisez ces phrases

يـــا بـــا بـــا ! ذَ هَـــبَ بـــا صُ حَـــلَـــب !

____

يا سُعادُ ! مَنْ كَسَرَ بابَ رِضا ؟ ______________________

يا رِضا ! مَنْ رَكِبَ باصَ بَيْروت ؟ ______________________

يا ماما ! مَنْ شَرِبَ لِتْرَ عَرَق ؟ ______________________

يا بابا ! مَنْ والِدُ حَسَن ؟ ______________________

يا سُعادُ ! مَنْ فَتَحَ دَفْتَرَ رِضا ؟ ______________________

يا رِضا ! مَنْ سَمِعَ كَلْبَ سُعاد ؟ ______________________

يا ماما ! مَنْ عاشِقُ شَهْرَزاد ؟ ______________________

يا سُعادُ ! مَنْ وُلِدَ في قانا ؟ ______________________

Plus le connecteur est court, plus la lecture est difficile !

Séquence 173 : Des villes et des pays

Traduisez ces noms de lieux :

لُبْنان __________ بَيْروت __________

صور __________ لُنْدُن __________

مِصْر __________ فاس __________

تونِس __________ تونِس __________

وَهْران __________ حَلَب __________

نابُلُس __________ باريس __________

قانا __________ مَدْريد __________

فَرَنْسا __________ بَغْداد __________

روما __________ طَهْران __________

كَنَدا __________ باناما __________

جَبَلُ لُبْنان __________

طَرابُلُس __________

Devinez

دُبَي __________ عُمان __________

بير حَكيم __________

فِلَسْطين __________

Séquence 174 : L'adjectif intensif

Nouveau verbe d'action : رَشَدَ qui signifie *trouver sa voie, prendre le bon chemin* (au propre et au figuré). Celui qui trouve sa voie, qui prend le bon chemin est le participe actif (ou nom d'agent) راشِد qui désigne un *majeur, une personne mûre capable de mener ses affaires par elle-même*. Ce participe actif est doublé d'un intensif رَشيد qui désigne une *personne éminemment mûre et sage*. C'est cet adjectif intensif qui est devenu le prénom masculin Rachid (en transcription conventionnelle **R a š ī d**). De même, فَهيم désigne une *personne qui comprend très vite et très bien*.

D'où la règle de dérivation de l'intensif du participe actif :

Intensif du participe passif		Participe actif
3 ي 2 1َ	←	**3 2ِ ا 1**

Exemples :

رَشيد *	راشِد
فَهيم	فاهِم
سَميع *	سامِع
سَميح	سامِح
غَريق	غارِق
سَليم	سالِم

Sont signalés par l'astérisque les deux adjectifs intensifs de la liste ci-dessus qui évoquent chacun une qualité, un attribut d'Allāh. En Islam, Allāh a 99 attributs : Le Très-Miséricordieux, le Tout-Puissant, le Très-Clément… Ce sont les 99 noms d'Allāh. Nombre de ceux-ci sont des intensifs du participe actif / nom d'agent.

Séquence 175 : La traduction par thèmes

Traduisez ce vocabulaire classé par catégories :

Réponses :

نَعَمْ ____________ لا ____________

Points cardinaux :

شَرْق ____________ غَرْب ____________

Pronoms personnels :

هُوَ ____________ نَحْنُ ____________

Prépositions :

مِنْ ____________ فِي ____________

Statut légal (en droit musulman) :

حَرام ____________ حَلال ____________

Lieux :

مَطار ____________ مَطْعَم ____________

دار ____________ رِباط ____________

بازار ____________ = سوق ____________

Séquence 176 : D'autres adjectifs intensifs

Tentez de définir chacun des intensifs suivants :

خَبيث	________	رَشيد	________
حَديث	________	فَهيم	________
كَبير	________	سَميع	________
سَفير	________	سَميح	________
قَريب	________	غَريق	________
غَريب	________	سَليم	________

Exemples :

- حَدَثَ = *il survint*, et حادِث = *ce qui survient, événement.*

  حَديث = *ce qui vient tout juste de survenir*, d'où : *récent, moderne.*

- قُرْبَ = *près de.* قَريب = *proche* (géographiquement proche et *proche parent*).

- سَفَر = *voyage.* سَفير désigne quelqu'un qui voyage beaucoup du fait de sa mission, un *ambassadeur*, un *émissaire.*

En vous inspirant de ces trois exemples, pouvez-vous dire pour quelle raison غَريب désigne un *étranger* ou *quelque chose de très étrange* ?

____

Séquence 177 : La traduction par thèmes

Traduisez ce vocabulaire classé par catégories :

Animaux domestiques :

بَقَر ____________ دَجاج ____________

كَلْب ____________

Corps célestes :

شَمْس ____________ قَمَر ____________

Personnages éminents :

شاه ____________ سَفير ____________

باشا ____________

Vêtements :

بُرْنُس ____________ حِجاب ____________

Interrogatifs :

ما ؟ ____________ مَنْ ؟ ____________

كَمْ ؟ ____________

Aliments :

كَباب ____________ خُبْز ____________

جَزَر ____________ بَطاطا ____________

Séquence 178 : Les expressions absurdes

Ne pas confondre les sons suivants :

- « Soupir » : حَلَب *Alep*
- « Jota espagnole » : خُبْز *pain*
- « 'Ayn » : عُمان *Oman*
- « R parisien » : بَغْداد *Bagdad*
- « H expiré » : ذَهَبَ *il alla*

Trouvez la seule expression non absurde

لِتْرُ كَباب ______________________

كِيلو جِهاد ______________________

مِتْرُ عَرَق ______________________

مَطارُ دَجاج ______________________

مَطْعَمُ تُراب ______________________

بُرْنُسُ بَقَر ______________________

مِفْتاحُ قَمَر ______________________

تاجُ عَبْد ______________________

بيرُ نِفط ______________________

سَرايُ باريس ______________________

Séquence 179 : La traduction par thèmes

Traduisez ce vocabulaire classé par catégories :

- Unités de mesure :

مِتْر __________ لِتْر __________

كيلو __________

- Temps :

نَهار __________ لَيْل *nuit*

- Guerre et paix :

حَرْب __________ سَلام __________

فَتْح __________ جِهاد *jihad*

- Matières :

زُجاج __________ تُراب __________

كُحْل __________ نَفْط __________

- Boissons :

عَرَق __________ شَراب __________

Comment dit-on :

jihad __________ *litre* __________ *kilo* __________

Séquence 180 : Le zéro en arabe

Avec les Arabes, le zéro est devenu un chiffre à part entière. صِفْر est son nom, dont provient le français « chiffre ». En arabe, le « zéro voyelle » existe : ـْـ. C'est le sukūn qui accompagne une consonne muette. Ainsi, dans تَحْتَ, la consonne ح ne porte aucune voyelle mais un sukūn qui est le « zéro voyelle ». Le mot arabe se compose de consonnes suivie chacune de sa voyelle ـَـ , ـُـ , ـِـ , ا , و ou ي . Mais, « le zéro voyelle » étant une voyelle à part entière (comme le zéro est un chiffre à part entière), la consonne peut être suivie du ـْـ , comme dans la 2e unité de تَحْتَ qui est une unité consonne – voyelle à part entière, même si sa voyelle est un « zéro voyelle » ـْـ .

L'inverse est-il possible ? Existe-t-il, en d'autres termes, un « zéro consonne » ? Oui, car la langue arabe est logique. On peut très bien avoir en arabe un « zéro consonne » suivi de sa voyelle.

Prenons, pour illustrer ce phénomène, le verbe français « huma ». Il se compose de deux syllabes : **hu** – **ma**. La 2e syllabe ressemble fort aux unités de l'arabe : Une consonne suivie d'une voyelle – **ma**. La 1re syllabe se constitue également d'une consonne suivie de sa voyelle, **hu** – , mais l'on vous dit que le « h » ne se prononce pas !

Il en va de même en arabe où je vais écrire l'équivalent du « h » de **hu** – , mais l'on me dira qu'il ne se prononce pas. C'est mon fameux « zéro consonne » qui ne se prononce pas mais qui s'écrit, exactement comme le « zéro voyelle » sukūn qui s'écrit mais ne correspond à aucun son !

Alors, les Arabes ont-ils inventé le zéro ?

Oui, et pas seulement dans leur arithmétique, mais aussi dans leur alphabet où il y a un « zéro voyelle » et un « zéro consonne » !

Séquence 181 : La traduction par thèmes

Traduisez ce vocabulaire classé par catégories :

Humains :

عَبْد	__________	والِد	__________
وَلَد	__________	بابا	__________
عَرَب	__________	مَجَر	__________
ماما	__________	روس	__________

Montagnes :

جَبَلُ لُبْنان	__________	جَبَلُ طارِق	__________

Instrument :

مِفْتاح __________

La chanson arabe

La chanson arabe commence souvent par une improvisation sur le thème de la nuit (et de la solitude qui l'accompagne). Le chanteur s'adressera alors à la nuit en ces termes :

Ô nuit ! (Prologue des chansons arabes) = يا لَيْل !

Traduisez :

Ô Arabes ! __________ *Ô Hongrois !* __________

Du pain, du pain, ô Su`ād ! __________

Non, non, ô Riḍā ! __________

Séquence 182 : La hamzaẗ ou « zéro consonne »

Ce « zéro consonne » de l'alphabet arabe s'appelle hamzaẗ. C'est une sorte de « 2 » retourné :

ءَ ءُ ءِ

Voici un nouveau verbe d'action : جـاءَ *il vint.*

Utilisons-le dans des phrases :

Riḍā est venu de Tyr	جـاءَ رِضـا مِـنْ صـور
Su`ād est venue d'Égypte	جـاءَتْ سُـعـادُ مِـنْ مِـصْـر
Elles deux vinrent au mois de Rajab	جـاءَتـا فـي رَجَـب

Écoutez et répétez

Fichier son 24

Prononcez les trois phrases ci-dessus.

La hamzaẗ

Vous constatez que l'on prononce la fatḥaẗ portée par mon « zéro consonne » toute seule, exactement comme vous prononcez la voyelle « u » dans le verbe français **cha**-**hu**-**ta**. Dans ce verbe français, le « h » de la syllabe « **hu** » est votre zéro consonne, c'est-à-dire un signe qui s'écrit, qui ne se prononce pas et qui permet de prononcer la voyelle « **u** » toute seule.

D'où cette définition de la hamzaẗ : C'est une consonne à part entière de l'alphabet arabe. Elle s'écrit comme toute autre consonne mais ne correspond à aucun son. Elle correspond plutôt à un **silence** qui permet de prononcer isolément la voyelle qu'elle porte.

La hamzaẗ est vraiment un « zéro consonne », tout comme le sukūn est un « zéro voyelle » !

Voici donc les deux zéros de l'arabe :

ء hamzaẗ   ْ sukūn

Alors, les Arabes ont-ils inventé le zéro ?

Séquence 183 : La traduction de phrases

Traduisez ces phrases :

بَيْروتُ تاجُ لُبْنان ____________________

Il fut attiré ____________________

سَمِعَتا وَطَرِبَتا ____________________

Eux deux veillèrent ____________________

شَبِعَتْ سُعادُ ____________________

L'arak du Liban fut prohibé ________ ________ ________

خَبَزَ رِضا ____________________

Elles deux furent entendues ____________________

حُفِظَتا ____________________

Eux deux furent autorisés ____________________

سَهِرا وَدَرَسا ____________________

Elles deux étanchèrent leur soif ____________________

Séquence 184 : La place du zéro

En arithmétique, on compte ainsi :

0, 1, 2, 3, 4, etc.

Le zéro est donc placé en tête des nombres. C'est le premier nombre.

La logique voudrait que la hamzaẗ, qui est mon « zéro consonne », soit placée en tête des consonnes, c'est-à-dire tout au début de l'alphabet.

Est-ce bien le cas ?

Oui, et l'auteur de ces lignes – honteux et confus – doit maintenant vous faire un aveu : Il vous a donné – mais à tort – la fausse impression que le « A long » était la première lettre de l'alphabet arabe.

En effet, c'est la hamzaẗ qui est la première lettre de l'alphabet arabe, que nous présentons désormais dans l'ordre suivant :

ء ب ت ث ج ح خ د ذ ر ز س ش ص

ض ط ظ ع غ ف ق ك ل م ن ه و ي

Vous voyez que c'est la hamzaẗ qui prend la première place dans l'alphabet arabe. Le « zéro consonne » précède les autres consonnes !

Vous voyez aussi que le « A long » a non seulement cédé sa place à notre fameuse hamzaẗ mais qu'il a totalement disparu de l'alphabet !

Est-ce à dire qu'il ne fait pas partie de l'alphabet arabe ?

Oui, l'alphabet arabe ne comporte que des consonnes. Les voyelles en sont bannies !

Mais alors, diriez-vous, que font le « ou long » et le « i long » à la fin de l'alphabet tel qu'il est présenté ci-haut ?

Eh bien, ces deux lettres qui ont valeur de consonnes **et** de voyelles (**voir séquences 152 et 166**) ne figurent ici qu'au titre de consonnes. Si elles n'étaient que voyelles, elles seraient impitoyablement bannies de l'alphabet.

L'arabe est une langue consonantique !

Quid alors des voyelles ?

Pauvres voyelles !

Séquence 185 : Le tableau des verbes d'action

Complétez le tableau des verbes d'action :

حَجْب	حَجَبَ /	حاجِب	حُجِبَ /	مَحْجوب
كَسْر	______	______	______	______
______	فَتَحَ	______	______	______
______	______	ضارِب	______	______
______	______	______	دُرِسَ	______
______	______	______	______	مَخْبوز
حَظْر	______	______	______	______
______	جَذَبَ	______	______	______
______	______	حالِق	______	______

Traduisez ces participes

Buvant ______________ *Bu* ______________

Entendant ______________ *Entendu* ______________

Gagnant ______________ *Gagné* ______________

Comprenant ______________ *Compris* ______________

Agréant ______________ *Agréé* ______________

Montant ______________ *Monté* ______________

Perdant ______________ *Perdu* ______________

Séquence 186 : L'alphabet arabe

En français, il y a l'alphabet proprement dit, et il y a des signes (l'accent grave, l'accent circonflexe, le tréma…) qui complètent l'alphabet.

Il en va de même en arabe. Il y a l'alphabet proprement dit, et il y a un certain nombre de signes qui complètent cet alphabet.

Or, voici déjà une bonne nouvelle : Nous avons fini de découvrir ensemble l'alphabet proprement dit. Le voici dans sa forme définitive :

ء ب ت ث ج ح خ د ذ ر ز س ش ص

ض ط ظ ع غ ف ق ك ل م ن ه و ي

Il nous reste donc à terminer la découverte des signes qui accompagnent cet alphabet. Nous en connaissons déjà quelques-uns :

ا ْ َ ُ ِ

Recopiez ici l'alphabet arabe et assurez-vous que vous le connaissez par cœur et dans l'ordre. Car c'est dans cet ordre que les dictionnaires arabes classent les mots. Or, comme vous risquez de recourir (parfois) au dictionnaire, autant vous habituer dès maintenant à l'ordre de classement des mots.

Traduisez ces mots

il	________________	*nous*	________________
sous	________________	*dans*	________________
et	________________	*qui ?*	________________
(en provenance) de	________________	*quoi ?*	________________

Séquence 187 : La traduction de phrases

276

Traduisez ces phrases :

فَتَحَتْ سُعادُ مَطْعَمَ كَباب ______________________

L'aéroport de Beyrouth est proche ______________________

رَكِبَتا باصَ بَيْروت مِنْ صور ______________________

Le sérail de Beyrouth est grand ______________________

كَلْبُ رِضا غَريب ______________________

Eux deux s'en furent ______________________

هُوَ سَفيــرُ كَنَدا ______________________

Elles deux furent cachées ______________________

Traduisez ces mots

شَــرْ ق	____________	غَــرْ ب	____________
مَــشْــرِ ق	____________	مَــغْــرِ ب	____________
بــيــر	____________	نَــفْــط	____________
سَــرا ي	____________	مِــفْــتــا ح	____________

Séquence 188 : La hamzaẗ et sa voyelle

Nous savons qu'une consonne peut être suivie soit d'une voyelle brève soit d'une voyelle longue. Ainsi, dans le mot حِجَاب , le « soupir » est suivi d'un « i bref », alors que le « j français » est suivi d'un « A long ». Il en va de même pour notre hamzaẗ qui est le « zéro consonne ». Dans le verbe شَاءَ = *il désira*, la hamzaẗ est suivie d'un « a bref » (fatḥaẗ). Au duel, *eux deux désirèrent*, la hamzaẗ de ce verbe sera suivie d'un alif (A long) : شَاءَا . C'est ce verbe, au singulier, que je retrouve dans l'expression « in cha'a Allah » = *si Dieu le veut* !

Écoutez et répétez

Fichier son 25

بَدْءَ بَدْءُ بَدْءِ

بَاءَ بَاءُ بَاءِ

بَاءَتْ جَاءَتْ سَاءَتْ

بَاءَا جَاءَا سَاءَا

Conjugaison

La conjugaison, en arabe, commence par la 3e personne que l'on appelle la personne de l'**absent**. Ensuite, vient la conjugaison à la 2e personne, que l'on appelle la personne de l'**interlocuteur**. Enfin, comble de politesse et de modestie, vient la conjugaison à la 1re personne, que l'on appelle la personne du **locuteur** !

Langue logique, certes, mais langue courtoise et raffinée aussi ! On commencera donc par conjuguer avec le pronom personnel « il » :

هُوَ دَرَسَ / فَهِمَ / كَبُرَ ...

Il grandit / *Il comprit* / *Il étudia*

Séquence 189 : Le verbe « faire »

En arabe, le verbe *faire* se dit فَعَلَ . C'est évidemment un verbe d'action. C'est même le verbe d'action par excellence :

elle fit	فَعَلَتْ	*il fit*	فَعَلَ
elles 2 firent	فَعَلَتا	*eux 2 firent*	فَعَلا
elle fut faite	فُعِلَتْ	*il fut fait*	فُعِلَ
elles 2 furent faites	فُعِلَتا	*eux 2 furent faits*	فُعِلا
fait	مَفْعول	*faisant*	فاعِل

Ce verbe فَعَلَ est utilisé en grammaire arabe comme modèle pour l'ensemble de la dérivation, de la conjugaison… Tout se construit en arabe sur le modèle de فَعَلَ .

Complétez le tableau des verbes d'action

فَعْل	فَعَلَ	فاعِل	فُعِلَ	مَفْعول
حَجْب	______	______	______	______
______	كَسَرَ	______	______	______
______	______	فاتِح	______	______
______	______	______	ضُرِبَ	______
______	______	______	______	مَدْروس
خَبْز	______	______	______	______
______	حَظَرَ	______	______	______

Séquence 190 : L'écriture de la hamzaẗ

Comparons les deux verbes suivants :

il eut faim جَاعَ *il vint* جَاءَ

La hamzaẗ ء ressemble au ع ou au moins à la partie haute du ع : عـ !

Mais enfin, à la fin du mot, le ع est entier et ne saurait être confondu avec la ء .

Au début du mot, en revanche, les choses se compliquent. Comparez عَلَم (*drapeau*) et ءَلَم (*douleur*). Pour éviter la confusion, la langue arabe hisse la ء au-dessus de la ligne de référence. Et comment la hisser sans le fameux alif ا qui est justement une lettre haute. On écrira donc أَلَم , avec la hamzaẗ et son « a bref » au-dessus d'un ا qui n'est qu'un support graphique sans valeur phonétique ! Ici, ce ا s'écrit mais ne se prononce point, puisqu'il n'est qu'une astuce pour relever ma ء au-dessus de la ligne de référence et ne plus la confondre avec عـ !

Y avait-il une autre solution ? Oui, certainement : Donner à la ء une forme radicalement différente du ع , de sorte à éviter toute confusion. Alors, pourquoi avoir donné à la ء cette forme qui prête à confusion ? Tentons une réponse : Ma ء ressemble étrangement au « h » couché sur sa barre : ـهـ . Or, le « h » n'est-il pas parfois le « zéro consonne » du français, la ء de « cha-**h**u-ta » ?

Pour distinguer la ء du ع , je surélève la ء sur un ا ! D'où : « أ ».

Séquence 191 : La prononciation de la hamzaẗ

Traduisez ces mots :

combien ?	____________	*près de*	____________
il alla	____________	*il vint*	____________
elle alla	____________	*elle vint*	____________
elles deux allèrent	____________	*elles deux vinrent*	____________
eux deux allèrent	____________	*eux deux vinrent*	____________

Avez-vous écrit : جاءا ?

Dans l'affirmative, vous avez eu raison. Analysons ce mot : Il est constitué de deux consonnes (« j » et hamzaẗ) suivies chacune d'une voyelle longue (alif).

Dans ce mot, les lettres « j » et « hamzaẗ » ont exactement le même statut. Ce sont des consonnes à part entière, sauf que la 2e ne correspond à aucun son mais à un silence, **une pause qu'il faut marquer** quand vous lisez. C'est notre fameux « zéro consonne ».

Reprenez, à ce stade, le fichier son de la **séquence 188**

Traduisez ces phrases

هُوَ مِنْ فَرَنْسا وَنَحْنُ مِنْ لُبْنان

____

هُوَ في فَرَنْسا وَنَحْنُ في لُبْنان

____

جاءَ رِضا مِنْ وَهْران

____

Séquence 192 : Une perte d'information

Nous reconnaissons les verbes d'action à la voyelle « a bref » que porte leur deuxième lettre radicale et les verbes de changement d'état passager à la voyelle « i bref » de leur deuxième lettre radicale. Cela est vrai au singulier, avec le pronom « il », et au duel, avec le pronom « eux deux ».

Ainsi, le verbe d'état passager « *se désaltérer, étancher sa soif* » se reconnaîtra à son « i bref » sur la deuxième lettre radicale, tant au singulier qu'au duel :

هُوَ شَرِبَ   هُما شَرِبا

Mais, à la voix passive, il n'est plus possible de distinguer les verbes d'action des verbes de changement d'état passager : ils prennent tous un « ou bref » sur la première lettre radicale, puis un « i bref » sur la deuxième :

هُوَ ضُرِبَ *il fut frappé*   هُوَ شُرِبَ *il fut bu*

هُما ضُرِبا   هُما شُرِبا

Traduisez ces phrases

ضُرِبَتْ سُعادُ

شَبِعا وَشَكَرا

دَرَسَ وَفَهِمَ

سَمِعَ سَفيرَ مِصْر

جاءا مِنْ تونِس

هُما في مَطْعَمِ سُعاد

هُوَ مِنْ لُبْنان لا مِن مِصر

نَعَمْ ، هُما مِنْ فِرَنْسا

Séquence 193 : « Il » et « eux deux »

Nous savons que le 1er pronom personnel de l'arabe est le هُوَ = *il*. Ce pronom correspond à un singulier. Pour dire le duel *eux deux*, le pronom sera هُمَا :

Eux deux sont de Paris هُمَا مِنْ بَارِيس

Complétez la conjugaison avec les deux pronoms de l'absent

هُمَا	هُوَ	هُمَا	هُوَ
	سَمِعَ		حَجَبَ
رَكِبَا		بَحَثَا	
	شَرِبَ		فَتَحَ
حَفِظَا		دَرَسَا	
	عَشِقَ		كَسَرَ
كَبُرَا		ضَرَبَا	
	فَهِمَ		شَكَرَ
شَبِعَا		حَلَقَا	
	قَبِلَ		جَذَبَ
خَسِرَا		خَبَزَا	
	رَبِحَ		ذَهَبَ
سَهِرَا		جَاءَا	

Séquence 194 : Une autre perte d'information

Nous venons de voir (**séquence 192**) que l'information sur la nature du verbe arabe – verbe d'action ou verbe de changement d'état passager – se perd quand je conjugue ce verbe à la voix passive. Elle se perd aussi quand je dérive les participes de ce verbe. En effet, les participes des verbes d'action ou d'état passager sont identiques.

En français, il arrive que le participe présent coïncide parfaitement avec le nom :

- En *étudiant* le chinois, j'ai découvert l'origine de l'art des estampes.
- Il est *étudiant* à la faculté d'économie.

Parfois, le français distingue le participe du nom par une légère modification orthographique :

- C'est en *résid**a**nt* à Aix qu'elle s'est initiée à la randonnée pédestre.
- Un *résid**e**nt* de la copropriété ne saurait se comporter de la sorte.

En arabe, à l'inverse, nom et participe se confondent totalement :

- بـا حِـث = *cherchant* (participe), *chercheur* (nom) ;
- مَـشْـر و ب = *bu* (participe), *boisson* (nom = ce qui est bu).

Ces **participes – noms** de l'arabe se construisent sur le modèle suivant : si votre verbe est فَـعَـلَ (qui signifie « faire »),

- l'actif sera فـا عِـل (participe = *faisant*, nom = *faiseur*) et
- le passif sera مَـفْـعـو ل (participe = *fait*, nom = *effet*).

Ainsi, du verbe سَـكَـنَ qui signifie *il résida*, le participe سـا كِـن signifiera à la fois *résid**a**nt* (participe) et *résid**e**nt* (nom).

Quels sont les deux sens de :

شـا رِب ________________ ________________

مَـشْـر و ب ________________ ________________

Séquence 195 : Exercice de conjugaison

Complétez la conjugaison avec les deux pronoms de l'absent à la voix passive :

هُوَ	هُمَا	هُوَ	هُمَا
حُجِبَ		سُمِعَ	
	بُحِثَا		رُكِبَا
فُتِحَ		شُرِبَ	
	دُرِسَا		حُفِظَا
كُسِرَ		عُشِقَ	
	ضُرِبَا		سُهِرَا
سُمِحَ		فُهِمَ	
	خُلِقَا		خُسِرَا
جُذِبَ		قُبِلَ	
	خُبِزَا		رُبِحَا

Traduisez ces verbes

il vint	________________	*elle vint*	________________
eux 2 vinrent	________________	*elles 2 vinrent*	________________
il remercia	________________	*elle remercia*	________________
eux 2 remercièrent	________________	*elles 2 remercièrent*	________________

Séquence 196 : Un peu de philosophie

Une grammaire n'est pas un phénomène détaché de son contexte. La grammaire arabe en est l'illustration, car voici une langue où l'on considère que l'être humain agit, change souvent d'humeur, passe par des états physiques de manière cyclique, et vieillit tout en constatant la permanence de certaines choses de son entourage.

1. L'être humain agit : C'est le verbe d'action de type فَعَلَ qui exprime ses actes. Ce verbe est placé en tête de phrase.

2. L'être humain passe aussi par des états passagers et cycliques : Il a soif, il boit mais la soif le reprend peu après ; il tombe malade, guérit mais peut retomber malade ; il gagne et perd selon les jours ; il se réjouit, s'attriste mais se réjouit à nouveau… C'est le verbe de changement d'état passager et réversible de type فَعِلَ qui exprime ces changements et qui est placé en tête de phrase.

3. Ce faisant, l'être humain vieillit. Le passage du temps est pour lui un changement irréversible. C'est le verbe de changement d'état permanent et irréversible de type فَعُلَ qui exprime l'inexorable et qui est placé en tête de phrase.

4. L'être humain vieillit mais constate la permanence de certains phénomènes. Ici, plus de verbe en tête de phrase. C'est la phrase nominale qui exprime l'absence de changement ou d'action. Cette phrase est dite nominale car, à la différence des trois précédentes, elle ne commence pas par un verbe mais par un nom.

Voici donc, résumés à l'extrême, les quatre types de phrases de la langue arabe. Elles expriment respectivement : **1.** l'action ; **2.** le changement réversible ; **3.** le changement irréversible ; **4.** le non-changement.

Il y a, enfin, un cinquième type de phrase qui est propre au raisonnement logique. Appelons-la la phrase double, car elle comporte toujours une condition et une conséquence. Exemple : « *Qui étudie comprend* » = « *Si tu étudies, tu comprends* ».

Traduisez :

مَنْ دَرَسَ فَهِمَ . ______________________

مَنْ شَبِعَ شَكَرَ . ______________________

مَنْ دَرَسَ حَفِظَ . ______________________

Séquence 197 : Verbes et participes

Complétez le tableau des verbes et de leurs participes – noms :

ACTIF		PASSIF	
فَعِلَ	فاعِل	فُعِلَ	مَفْعول
حَجَبَ			
	سامِع		
		حُفِظَ	
			مَشْروب
عَشِقَ			
	شاكِر		
		سُمِحَ	
			مَضْروب
فَهِمَ			
	باحِث		
		قُبِلَ	
			مَجْذوب
حَظَرَ			
	فاتِح		

Séquence 198 : La hamzaẗ en début de mot

Nous avons vu (**séquence 190**) que la hamzaẗ ء (zéro consonne) en début de mot s'écrit sur un alif ا (A long) qui ne se prononce pas mais qui sert uniquement de support orthographique pour surélever la hamzaẗ ء au-dessus de la ligne de référence et éviter ainsi qu'elle ne soit méprise pour un `ayn (عـ).

Voici le verbe أَكَلَ *manger* qui illustre cette orthographe. Comment dit-on à un enfant qui refuse de manger : « *Qui mange grandit* » = « *Si tu manges, tu grandis* » ? مَنْ أَكَلَ كَبُرَ . Nous pouvons même, pour attirer davantage l'attention de l'enfant, rajouter en tête de cette phrase double : يا وَلَد ، مَنْ أَكَلَ كَبُرَ = *Ô enfant, qui mange grandit*.

Traduisez ces verbes

il mangea	________________	*elle mangea*	________________
eux 2 mangèrent	________________	*elles 2 mangèrent*	________________
il fut mangé	________________	*elle fut mangée*	________________
eux 2 furent mangés	________________	*elles 2 furent mangées*	________________

Les participes sont ءاكِل *mangeant, mangeur* et مَأْكول *mangé*. Traduisez :

أَكَلْتُ كيلو بَطاطا وَشَبِعْتُ

____

Séquence 199 : Verbes au masculin et au féminin

Complétez le tableau des verbes au singulier et au duel :

FÉMININ		MASCULIN	
سَمِعَتَا	سَمِعَتْ	سَمِعَا	سَمِعَ
			حَجَبَ
		حُفِظَا	
		فُتِحَا	
	شَرِبَتْ		
	بَحَثَتْ		
رُكِبَتَا			
دُرِسَتَا			
			كُسِرَ
			فُهِمَ
		ضَرَبَا	
		خَسِرَا	
	سُمِحَتْ		
	عُشِقَتْ		
حَلَقَتَا			

Séquence 200 : La hamzaẗ avec un « A long » (alif)

Notre participe ء ا كِـــل *mangeant, mangeur* est intéressant car il nous présente une hamzaẗ en tête de mot suivie d'un alif ا . Normalement, si je dois appliquer la règle graphique énoncée à la **leçon 190**, je dois écrire أ ا كِـــل , la ء étant portée par un alif orthographique pour la surélever au-dessus de la ligne de référence et éviter de la confondre avec la consonne عـــ .

Là, la langue arabe a préféré éviter cette succession des deux alif-s أ ا et l'on écrira plutôt آ كِـــل . C'est donc une « tilde » qui correspond à l'ensemble. Conclusion : Écrivez آ كِـــل et prononcez ء ا كِـــل .

Sachant que le verbe d'action أَ مَـــرَ signifie *il donna un ordre, il ordonna*, comment écrivez-vous le participe *donnant un ordre, ordonnant, donneur d'ordre* ?

____

Sachant aussi que le verbe d'action أَ خَـــذَ signifie *il prit, il saisit*, comment écrivez-vous le participe *prenant, preneur* ?

____

Traduisez ces quatre participes passifs :

مَـــأْ كـــو ل ____________ مَـــأْ مـــو ر ____________

مَـــدْ ر و س ____________ مَـــأْ خـــو ذ ____________

Séquence 201 : La hamzaẗ avec un sukūn

Absence de consonne et absence de voyelle, simultanément ?

La langue arabe pousse la logique à l'extrême, ce qui contribue souvent à déstabiliser celui ou celle qui l'apprend. Prenons, pour illustrer ce phénomène, les trois participes passifs vus à la page précédente :

مَـــأْكـــول *mangé* / مَـــأْمـــور *subordonné* / مَـــأْخـــوذ *pris*

Dans chacun de ces trois mots, la deuxième consonne est une hamzaẗ, donc un zéro consonne. Or, cette hamzaẗ porte un sukūn qui est lui-même un zéro voyelle ! Il apparaît donc que les deux zéros de l'arabe, le zéro consonne et le zéro voyelle, peuvent faire bon ménage !

Écoutez et répétez

Fichier son 26

Prononcez les trois participes ci-dessus.

Complétez le tableau

________	________	أَكَـــلَ
________	آخِـــذ	________
مَـــأْمـــور	________	________
________	________	شَـــكَـــرَ
________	والِـــد	________
مَـــفْـــهـــوم	________	________
________	________	قَـــبِـــلَ
________	ســـامِـــح	________
مَـــفْـــتـــوح	________	________

Séquence 202 : Autre pronom personnel

Et voici le pronom masculin pluriel de la 3e personne !

Nous savons que هُوَ = *il* et que هُمَا = *eux deux*. Comment dira-t-on *ils, eux* ? Ce pronom masculin pluriel est هُمْ . Notons d'abord que ces trois pronoms de l'absent (c'est-à-dire de la 3e personne) commencent par هـ , ce qui facilite la vie. Au féminin aussi, **le** هـ **est le marqueur de la 3e personne**.

Conjuguons le verbe « manger » :

هُوَ	أَكَلَ	*il mangea*
هُمَا	أَكَلَا	*eux deux mangèrent*
هُمْ	أَكَلُوا	*ils mangèrent*

Comment prononce-t-on ce dernier verbe أَكَلُوا *ils mangèrent* ?

Eh bien, il faudra se contenter de prononcer le « OU long » final et oublier le « alif » (A long) qui le suit ! Encore un alif qui ne se prononce pas ?

Oui, le « alif » ا ne se prononce pas quand il est support orthographique permettant de surélever la hamzaẗ au-dessus de la ligne pour ne pas la confondre avec le عـ (voir **séquence 190**) ; et voici maintenant un autre cas où le « alif » ne se prononce pas non plus, à la fin du verbe conjugué avec le pronom *ils* !

Ici, le « alif » surajouté au verbe n'a aucune valeur phonétique ; il nous permet de distinguer le pluriel du verbe et le pluriel du nom (que l'on verra plus tard). En effet, la marque du masculin pluriel en arabe est le « OU long ». Celui-ci est suivi d'un « alif » dans le cas du verbe et d'un « n » dans le cas du nom. À la fin du verbe masculin pluriel, le « alif » s'écrit mais ne se prononce pas.

Pauvre « alif » ! Non seulement est-il banni de l'alphabet, car ce n'est qu'une vulgaire voyelle, mais le voici maintenant utilisé graphiquement sans aucune valeur phonétique !

Séquence 203 : Conjuguons avec « ils »

Traduisez ces verbes :

ذَهَبوا	________	شَكَروا	________
قَبِلوا	________	سَهِروا	________
كَبُروا	________	سَمِعوا	________
أَكَلوا	________	أُكِلوا	________

Traduisez ces phrases nominales

Rappel : la phrase nominale, en arabe, exprime un non-changement !

هُوَ مِنْ فَرَنْسا ____________________

هُما في مِصْر ____________________

هُمْ مِنْ عُمان ____________________

هُوَ والِدُ رِضا ____________________

هُما في سوقِ صور ____________________

لا ، هُمْ في عُمان ____________________

هُوَ سَفيرُ مِصْر ____________________

هُما في دارِ رِضا ____________________

هُمْ مَجَر وَنَحْنُ عَرَب ____________________

هُوَ مِنْ شَرْقِ فاس ____________________

Avez-vous noté que la virgule arabe est tournée vers le haut ?

Séquence 204 : Conjonction de coordination « mais »

La conjonction de coordination « *mais* » se dit en arabe لَـٰـكِـنْ où le « alif » ا n'est pas sur la ligne de référence mais **suscrit**, à l'instar des voyelles brèves ـَ et ـُ . Ici, nous prononçons لاَ كِـنْ (en insistant sur le A long) mais nous écrivons لَـٰـكِـنْ . Cette forme du « alif » suscrit ٰ est une forme archaïque du ا actuel, forme que l'on retrouve encore dans quelques mots de l'arabe et qui explique pourquoi le pauvre ا ne figure pas dans l'alphabet ! À l'origine, donc, le ا devait s'écrire au-dessus de la ligne, donc suscrit, comme une vulgaire voyelle brève ne figurant pas à l'alphabet. Phonétiquement, ا = ٰ .

Traduisez ces phrases nominales

هُـوَ فـي فَـرَنْـسـا لَـٰـكِـنْ مِـنْ مِـصْـر

____

Eux deux sont au Canada mais de Fès.

____

Il est permis, en arabe, de dire وَلَـٰـكِـنْ (***et** mais*) pour signifier *mais* :

هُـوَ فـي فَـرَنْـسـا **وَلَـٰـكِـنْ** مِـنْ مِـصْـر

Séquence 205 : La négation

Attention ! La négation peut être confondue avec une interrogation ! En effet, مـــا est soit interrogatif soit négatif. Exemples :

مـــا أَكَـــلَ ؟ *Que mangea-t-il ?*

مـــا أَكَـــلَ . *Il ne mangea pas.*

Heureusement que la ponctuation (et souvent le contexte) permettent de faire la différence. Ce problème de confusion n'est pas propre à la langue arabe. En français, par exemple, « que » est interrogatif, relatif ou conjonctif :

Interrogatif : ***Que** mangea-t-il ?*

Relatif : *La pomme **que** je mange est délicieuse.*

Conjonctif : *Il veut **que** je mange.*

Traduisez ces phrases verbales

أَكَـلَـتْ وَمـا شَـكَـرَتْ .

____

نَـعَـمْ ، دَرَسـوا وَمـا فَـهِـمـوا .

____

وَمـا أَكَـلـوا فـي مَـطْـعَـمِ سُـعـاد ؟

____

مـا خَـسِـرا فـي سـوقِ فـاس ؟

____

Séquence 206 : Masculin et féminin

Rappelons nos pronoms de l'absent :

ils هُمْ *eux deux* هُمَا *il* هُوَ

Notons d'abord que le هُمْ suppose un nombre de trois et plus. Car le nombre deux, en arabe, n'est pas un pluriel mais un duel.

Le féminin, comme en français, suit le masculin dans l'ordre d'énumération.

Voici le pronom personnel du féminin singulier : هِيَ .

Complétez le tableau

هِيَ	هُمْ	هُمَا	هُوَ
________	________	________	جَذَبَ
________	________	سَمِعَا	________
________	فَتَحُوا	________	________
سَهِرَتْ	________	________	________
________	________	________	قَبِلَ
________	________	حَظَرَا	________
________	فَهِمُوا	________	________
كَسَرَتْ	________	________	________
________	________	________	ذَهَبَ
________	________	خَسِرَا	________

Séquence 207 : Révision du vocabulaire

276 Traduisez :

elle	______________	*il*	______________
eux deux	______________	*ils*	______________
quoi ?	______________	*ne pas*	______________
qui ?	______________	*combien ?*	______________
et	______________	*mais*	______________
dans	______________	*sous*	______________
en provenance de	__________	*ô*	______________
Est, Orient	______________	*Ouest*	______________
hypocrisie	______________	*hypocrite*	______________
poulet	______________	*verre*	______________
tourbe	______________	*porte*	______________
géniteur	______________	*papa*	______________
enfant	______________	*il engendra*	______________
stabilité	______________	*naufragé*	______________
sain et sauf	______________	*près de*	______________
(un) proche	______________	*ambassadeur*	______________
non !	______________	*oui !*	______________

Séquence 208 : Pour prendre le bus

Traduisez ces phrases :

نَعَمْ يا رِضا ، هِيَ مِنْ فَرَنْسا !

مَنْ هِيَ ؟

سَمِعَ وَما فَهِمَ .

ما حَفِظَتْ ؟

أَكَلَتا وَشَرِبَتا .

رَكِبوا باصَ فاس .

خَبَزَتْ وَأَكَلَتْ .

شَرِبا لِتْرَ عَرَق .

بَحَثَتا في دَفْتَرِ رِضا .

جاءَتا وَفَتَحَتا بابَ دارِ سُعاد .

Piège

Pour dire *il prit le bus de Fès*, il n'y a qu'une seule traduction correcte. Laquelle ?

رَكِبَ باصَ فاس .

أَخَذَ باصَ فاس .

Séquence 209 : Les pièges de la traduction

On se laisse souvent piéger par des expressions telles que « *il prit un bus* ». On aura tendance à traduire mot à mot, pensant que les expressions arabes ne sont que la fidèle reproduction des expressions équivalentes du français. Or, entre les deux langues, il y a équivalence mais il n'y a pas identité ! *Prendre un bus*, en arabe, ne se construit pas avec le verbe « prendre, saisir » mais avec le verbe « monter ». D'où :

رَكِبَ باصَ فاس

Il prit le bus de Fès

Traduisez ce vocabulaire

couronne	______________	*espèce bovine*	______________
7e mois	______________	*espèce mouche*	______________
parti	______________	*ils conservèrent*	______________
événement	______________	*ils veillèrent*	______________
voile	______________	*huissier*	______________
guerre	______________	*demeure*	______________
algèbre	______________	*gagnant*	______________
perdant	______________	*souk*	______________
bazar	______________	*pain*	______________
clé	______________	*chien*	______________
cœur	______________	*il s'éprit de*	______________
kébab	______________	*arak*	______________
parti	______________	*Tripoli*	______________

Séquence 210 : Féminin de verbe, féminin de nom

Nous savons que le suffixe تْ est la marque du féminin du verbe :

elle désira شَاءَتْ هِيَ *il désira* شَاءَ هُوَ

En va-t-il de même pour les noms ? Oui, mais à une différence près. Voici comment s'écrit le suffixe féminin du verbe :

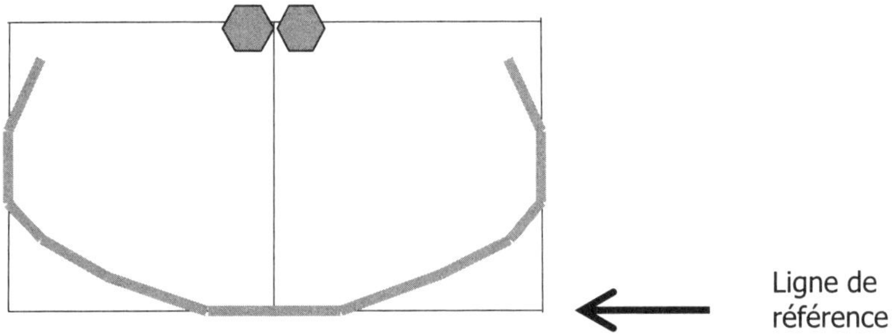

Imaginez maintenant le geste suivant : vous prenez les deux bouts du « T », et vous les tirez à la fois vers le centre et vers le haut, afin de les joindre, juste sous les deux points de la lettre. On obtient alors la forme suivante :

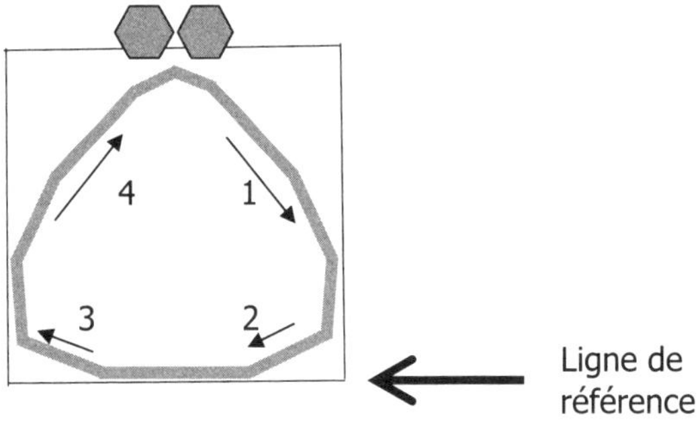

Il s'agit, en fait, de la même forme que le « H expiré », avec deux points au dessus. En caractère d'imprimerie, cette marque du féminin des noms, participes, adjectifs… est ainsi représentée :

ة

Cette marque du féminin s'appelle « T noué », puisqu'il s'agit d'un « T » dont on a joint les deux bouts. Bien sûr, comme il s'agit d'un **suffixe** qui marque le féminin, nous ne verrons le « T noué » qu'à la fin des noms.

Séquence 211 : Conjuguer avec « elles deux »

Rappelons nos pronoms de l'absent :

ils هُمْ *eux deux* هُمَا *il* هُوَ

elle هِيَ

Comment-dit-on *elles deux* ? Ici, la langue arabe donne le même pronom qu'au masculin : هُمَا !

Complétez le tableau de conjugaison

هُمَا	هِيَ	هُمَا	هُوَ
______	______	______	حَفِظَ
______	______	شَرِبا	______
______	رَكِبَتْ	______	______
حَجَبَتا	______	______	______
______	______	______	بَحَثَ
______	______	دَرَسا	______
______	حَدَثَتْ	______	______
ضَرَبَتا	______	______	______
______	______	______	سَمَحَ
______	______	حَلَقا	______
______	شاءَتْ	______	______

Séquence 212 : Mademoiselle Rachida

Voyons de plus près le « ẗ » du féminin des noms :

Nous connaissons le prénom masculin « Rachid » (qui est aussi un adjectif signifiant *majeur, ayant atteint l'âge de raison, capable de réfléchir par lui-même, doté d'un raisonnement sain…*) :

رَ شـــيـــد

Au féminin, ce prénom – adjectif est :

رَ شـــيـــدَ ة

Ce prénom est très répandu. Il ne faut pas prononcer « Rachida**t** », malgré la présence du « T noué » à la fin du mot. Il faut le prononcer « à la française », c'est-à-dire : « Rachida ». Parfois, les Arabes prononcent aussi « Rachidah », avec un très léger « H expiré » à la fin du mot !

Ainsi, le « T noué », principale marque du nom féminin en arabe, peut être prononcé comme un très léger « H expiré ». D'ailleurs, ce « T noué » a la même forme qu'un « H expiré », et ne s'en distingue que par les deux points à son sommet.

Autre exemple de prénom - adjectif : *Confident / confidente de nuit*

سَـــمـــيـــر / سَـــمـــيـــرَ ة

Notre alphabet

ء ب ت ث ج ح خ د ذ ر ز س ش ص

ض ط ظ ع غ ف ق ك ل م ن ه و ي

Complétez le tableau

فَـــعَـــلَ	فـــا عِـــل	مَـــفْـــعـــو ل
سَـــكَـــنَ	______	______
______	و ا لِـــد	______

Séquence 213 : Notre patrimoine verbal

Voici tous nos verbes, classés par ordre alphabétique. Traduisez :

أَخَذَ	__________	أَمَرَ	__________
بَحَثَ	__________	جَذَبَ	__________
جَاءَ	__________	جَاعَ	__________
حَجَبَ	__________	حَدَثَ	__________
حَظَرَ	__________	حَفِظَ	__________
حَلَقَ	__________	خَبَزَ	__________
خَسِرَ	__________	دَرَسَ	__________
ذَهَبَ	__________	رَبِحَ	__________
رَكِبَ	__________	سَكَنَ	__________
سَمَحَ	__________	سَمِعَ	__________
سَهِرَ	__________	شَبِعَ	__________
شَرِبَ	__________	شَكَرَ	__________
شَاءَ	__________	ضَرَبَ	__________
طَرِبَ	__________	عَشِقَ	__________
غَرِقَ	__________	فَتَحَ	__________
فَعَلَ	__________	فَهِمَ	__________
قَبِلَ	__________	كَبُرَ	__________
كَسَرَ	__________	وَلَدَ	__________

Séquence 214 : Le « ẗ » noué du nom féminin

Il nous reste à voir comment ce « T noué », marque du féminin des noms, s'écrit quand il est précédé d'une lettre qui se connecte :

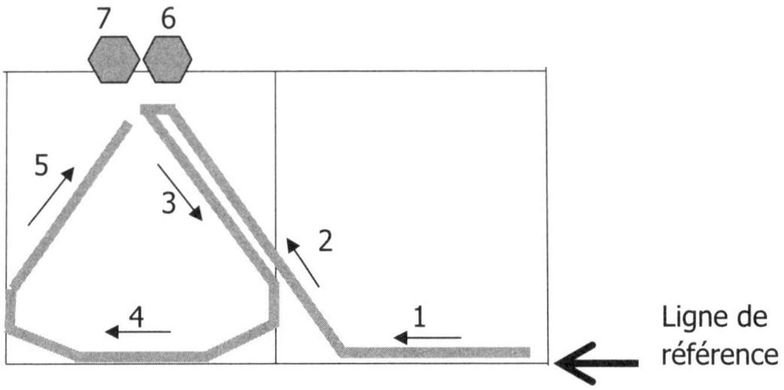

Nabilah (noble) نَـبـيـلَـة

Salimah (saine) سَـلـيـمَـة

Fatimah (prénom de la fille du Prophète) فـاطِـمَـة

C'est de Fatimah que se réclament les Fatimides, dynastie chi'ite de l'Afrique du Nord puis d'Égypte de 297 à 567 de l'Hégire, soit de 909 à 1171 de l'ère chrétienne.

Complétez le tableau

فَـعَـلَ	فـاعِـل	مَـفْـعـول
______	______	مَـشْـكـور
عَـشِـقَ	______	______
______	آمِـر	______
______	______	مَـأْخـوذ
سَـمِـعَ	______	______

Séquence 215 : Exercice de traduction de phrases

277

Traduisez :

Il mangea du blanc de poulet ______________________

Elles 2 étudièrent les Arabes de Bagdad ______________________

Elle frappa le chien de Riḍā ______________________

Ils perdirent la guerre (du mois) de Rajab ______________________

Eux deux ouvrirent la porte de Su'ād ______________________

Ils prohibèrent l'arak du Liban ______________________

Il conquit la garnison de Fès ______________________

Riḍā cacha le cahier de Su'ād ______________________

Maman prit le bus de Tyr ______________________

Papa mangea à satiété ______________________

Le cahier de Riḍā est sous le cahier de Su'ād ______________________

La maison de Riḍā est près de celle de Su'ād ______________________

Le cœur de Bagdad est une zone de guerre ______________________

Maman mangea des patates ______________________

L'est de Tripoli s'est étendu (a grandi) ______________________

Riḍā est de Cana et Su'ād de Naplouse ______________________

Séquence 216 : La hamzaẗ avec une kasraẗ

Nous savons que la hamzaẗ ء , en début de mot, est surélevée sur un (pauvre) alif orthographique ا . De la sorte, cette hamzaẗ n'est plus sur la ligne de référence et ne saurait être confondue avec un ـع . Grâce à cette ruse, nous écrivons sans risque de confusion أَكَلَ *il mangea* et son passif أُكِلَ *il fut mangé*. Il apparaît donc que cette hamzaẗ surélevée أ peut porter une fatḥaẗ (à la voix active du verbe) ou une ḍammaẗ (à la voix passive). Enfin, dans أِسْلام *Islām*, nous préférons la graphie usuelle إِسْلام où la hamzaẗ et sa kasraẗ sont toutes deux sous le ا orthographique, c'est-à-dire sous la ligne de référence, ce qui évite tout aussi bien la confusion avec le ـع qui est posé sur la ligne de référence. Autre exemple : إِسْبانِيا *Espagne*. D'où :

أَ أُ إِ

Nouveau vocabulaire

Amina(h), loyale	أَمينَة	*prénom Amīn, loyal*	أَمين
maître (avocate)	أُسْتاذَة	*monsieur, maître*	أُسْتاذ
Espagne	إِسْبانِيا	*Islam*	إِسْلام
Pourquoi pas de kasraẗ sous la hamzaẗ d'Iran ?		*Iran*	إيران

Car la hamzaẗ est une consonne à part entière et est ici suivie d'une voyelle longue.

Séquence 217 : Exercice de traduction de phrases

278

Traduisez :

Elle conserva la clé de la maison de Riḍā ____________________

La maison de Riḍā est près de l'aéroport de Fès ____________________

Su'ād entendit le chien de maman ____________________

Le restaurant de papa est près du souk de Tyr ____________________

Riḍā s'éprit du centre (cœur) d'Alep ____________________

L'aéroport de Tripoli est près d'une montagne ____________________

Maman et Nabilah sont au souk de Fès ____________________

La demeure de Riḍā est à l'ouest de Beyrouth ____________________

Eux 2 prirent le bus de l'aéroport de Tunis ____________________

L'Égypte est le pays de Su'ād ____________________

Papa est de Tunisie ____________________

Maman ouvrit la porte de la maison de Riḍā ____________________

Eux 2 prirent le bus de l'aéroport de Beyrouth ____________________

La maison de Riḍā est à l'ouest du Mont-Liban ____________________

Elles 2 cassèrent la vitre de la porte de Riḍā ____________________

Nous sommes près du restaurant de papa ____________________

Nous sommes de France ____________________

Séquence 218 : La paire consonne-voyelle

Nous savons qu'une consonne peut porter une voyelle brève ou un « zéro voyelle » ; sinon, cette même consonne peut être suivie d'une voyelle longue. Ainsi :

بَ بُ بِ بْ بــا بــو بــي

Il en va de même pour la hamzaẗ qui est une consonne à part entière :

أَ أُ إِ أْ آ أو إيـ

Exemples :

أَ	أَمــيــن	*prénom Amīn, loyal*
أُ	أُسْــتــاذ	*monsieur, maître*
إِ	إِسْــلام	*Islam*
أْ	لا بَــأْس	*Pas mal (en réponse à : Comment ça va ?)*
آ	آكِــل	*mangeant, mangeur*
أو	أوروبــا	*Europe*
إي	إيــران	*Iran*

La courtoisie

Pour m'adresser à un monsieur, un maître d'école ou un avocat, je dirai :

يــا أُسْــتــاذ (أَمــيــن ، رِضــا ...)

Et à une maîtresse d'école, une avocate :

يــا أُسْــتــاذَة (أَمــيــنَــة ، سُــعــاد ...)

Au masculin, ce titre de politesse convient à tous les messieurs et, plus particulièrement, aux avocats et aux maîtres d'école ; au féminin, il ne sert qu'à désigner une avocate ou une maîtresse d'école.

Séquence 219 : Exercice de traduction de phrases

279

Traduisez :

Que sommes-nous ? ______________________

Que (moyen de transport) prit-elle ? ______________________

Que (objet) prit-elle ? ______________________

Qu'accepta maman ? ______________________

Qu'y a-t-il près de la demeure de Riḍā ? ______________________

Qu'y a-t-il sous le cahier de Su`ād ? ______________________

Nous sommes Arabes et ils sont Hongrois ______________________

Combien sommes-nous à Beyrouth ? ______________________

La porte de la demeure de Riḍā est en verre ______________________

Qui est-elle ? ______________________

Qui étudie comprend. ______________________

Qui prit le bus d'Alep ? ______________________

Qui entend vibre (s'extasie). ______________________

Qui conquit Gibraltar ? ______________________

Combien sont les Arabes de France ? ______________________

Qui s'éprit du Mont-Liban ? ______________________

Qui étudie retient. ______________________

Séquence 220 : Un seul article défini en arabe

L'arabe est une langue économique. Elle ne possède qu'un seul article défini, comme l'anglais d'ailleurs qui n'a que l'article défini « the » pour l'ensemble des genres et des nombres. Ainsi :

le pays أَلْبَلَد / *pays* بَلَد

la montagne أَلْجَبَل / *montagne* جَبَل

le géniteur أَلْوَالِد / *géniteur* وَالِد

l'accident أَلْحَادِث / *accident* حَادِث

Certains noms propres de l'arabe sont formés avec l'article défini qui en fait toujours partie. En français, on dira toujours « Le Vatican », « L'Élysée »... En arabe, on dira :

Le Maghreb أَلْمَغْرِب *Le Machrek* أَلْمَشْرِق

Quelques emprunts du français avec l'article défini

Dans certains cas, le français a emprunté à l'arabe des noms sans leur ôter leur article défini d'origine. Ainsi,

Al*gèbre* vient de أَلْجَبْر ***Al****cool* vient de أَلْكُحْل

L*ascar* vient de أَلْعَسْكَر (*la troupe*)

De la sorte, quand vous dites **l'algèbre** en français, vous avez deux articles définis en un seul mot : l'article défini du français (l') puis l'article défini de l'arabe (al) !

Traduisez ces phrases

Qui prend gagne. ____________________

Qu'est-il arrivé ? ____________________

Qui cassa la porte de la maison de Riḍā ? ____________________

Séquence 221 : Celle qui fait

Complétez le tableau :

فاعِلَة	فَعُِلَتْ	فاعِل	فَعُِلَ
______	______	______	حَفِظَ
______	______	شاكِر	______
______	ذَهَبَتْ	______	______
حاجِبَة	______	______	______
______	______	______	أَخَذَ
______	______	آمِر	______
______	أَكَلَتْ	______	______
حادِثَة	______	______	______
______	______	______	سَكَنَ
______	______	والِد	______
______	غَرِقَتْ	______	______
عاشِقَة	______	______	______
______	______	______	سَهِرَ
______	______	فاهِم	______
______	طَرِبَتْ	______	______

Le « T noué » de l'arabe est, en quelque sorte, l'« e muet » du français.

Séquence 222 : Le beau, le joli métier

Dans le monde arabe, les métiers manuels étaient souvent réservés aux non-musulmans : avec le temps, ces artisans chrétiens, juifs… prirent pour patronymes les noms de leurs métiers. Ainsi,

- Haddad signifie « *forgeron* » ;
- Nattaf signifie « *duvetier* » ;
- Sabban signifie « *fabricant de savon* » ;
- Sabbagh signifie « *teinturier* » ;
- Sayyagh signifie « *orfèvre* » ;
- Sarraf signifie « *changeur* » (agent de change)…

Certaines de ces familles ont francisé leur patronyme :

- Hadad pour Haddad ;
- Nataf pour Nattaf ;
- Seb(b)an pour Sabban ;
- Seb(b)ag pour Sabbagh…

Tenons-nous en à la forme initiale du patronyme : que remarquons-nous ?

1. L'ossature du patronyme est faite de trois consonnes : S R F pour Sarraf (*agent de change*), N T F pour Nattaf (*duvetier*)… En fait, tous ces noms respectent la structure générale des racines de l'arabe, à savoir trois consonnes.

2. La deuxième consonne de la racine est doublée : sa**RR**af, na**TT**af, sa**BB**an…

Il s'agit, à l'évidence, d'un schème répétitif, d'un modèle régulier qui sera utilisé par la langue arabe à chaque fois que nous désignons un artisan ! C'est le principe de la dérivation : Les mots d'une même catégorie sémantique auront la même forme !

Traduisez ces phrases

Qui accepte remercie. ____________________

Qui prohiba l'arak du Liban ? ____________________

Qui séduisit le cœur de Su`ād ? ____________________

Combien de kilos de patates mangèrent-ils ? ____________________

Séquence 223 : Le passif, masculin et féminin

Complétez le tableau :

فُعِلَ	مَفْعُول	فُعِلَتْ	مَفْعُولَة
حُفِظَ	______	______	______
______	مَجْذوب	______	______
______	______	حُجِبَتْ	______
______	______	______	مَحْظورَة
شُكِرَ	______	______	______
______	مَحْلوق	______	______
______	______	خُبِزَتْ	______
______	______	______	مَدْروسَة
رُكِبَ	______	______	______
______	مَسْموح	______	______
______	______	سُمِعَتْ	______
______	______	______	مَشْروبَة
ضُرِبَ	______	______	______
______	مَفْتوح	______	______
______	______	قُبِلَتْ	______

Le « T noué » de l'arabe est, en quelque sorte, l' « e muet » du français.

Séquence 224 : Le nom d'artisan

Écrivons les noms de nos artisans en arabe :

forgeron	Ḥaddād	حَـــدْ د ا د
duvetier	Nattāf	نَـــتْــتَـــا ف
fabricant de savon	Ṣabbān	صَـــبْــبَـــا ن
teinturier	Ṣabbāġ	صَـــبْــبَـــا غ
orfèvre	Ṣayyāġ	صَـــيْــيَـــا غ
agent de change	Ṣarrāf	صَـــرْ ر ا ف

Prenons, dans la liste, le verbe « teindre ». Il vous est facile de l'extraire du nom « teinturier », puisqu'il s'agit des 3 consonnes radicales. « Teindre » se dit :

صَــبَــغَ

Celui qui teint (c'est-à-dire le nom – participe actif de « teindre ») se dit :

صــا بِــغ

Et celui qui teint ***beaucoup***, parce que teindre est son métier, se dit :

صَـــبْــبَـــا غ

صَـــبْــبَـــا غ est l'intensif de صــا بِــغ . Ainsi, du verbe فَــعَــلَ , le nom – participe actif est فــا عِــل dont l'intensif est فَــعْــعــا ل , d'où :

فَـعَـلَ ← فـا عِـل ← فَـعْـعـا ل

صَـبَـغَ ← صـا بِـغ ← صَـبْـبـا غ

خَـبَـزَ ← خـا بِـز ← خَـبْـبـا ز

Séquence 225 : Exercice de traduction de phrases

280

Traduisez :

Qui est le chah d'Iran ? ______________________

Combien perdirent-ils ? ______________________

Qui s'éprend veille. ______________________

Papa et maman sont de Gibraltar. ______________________

Riḍā remercia et s'en fut. ______________________

Shéhérazade est d'Égypte non du Liban. ______________________

La porte de la maison de Su`ād est ouverte. ______________________

Il est à Madrid non à Paris. ______________________

Papa ! Le bus d'Alep est parti ! ______________________

Su`ād ! Qui cassa la porte de Riḍā ? ______________________

Papa ! Qui est le père de Ḥasan ? ______________________

Riḍā ! Qui entendit le chien de maman ? ______________________

Maman ! Qui est l'amant de Su`ād ? ______________________

Su`ād ! Qui est né à Cana ? ______________________

Elles deux ouvrirent un restaurant de falafels. ______________________

Qu'ont-ils mangé au restaurant de Ḥasan ? ______________________

Qu'ont-ils (eux 2) perdu au souk de Fès ? ______________________

Séquence 226 : La šaddaẗ

Pour que notre graphie de l'intensif désignant un artisan soit totalement correcte, il nous faut appliquer la règle suivante. Quand une consonne est redoublée dans un mot, c'est-à-dire quand elle figure deux fois de suite, et que la première des deux occurrences porte un *sukūn* (zéro voyelle), alors cette consonne ne figure plus qu'une seule fois, et porte une šaddaẗ (prononcez chadda) qui est le signe de son redoublement. La šaddaẗ ressemble à un « w » et se place au-dessus de la consonne redoublée. Ainsi :

حَدْدَاد	⟶ s'écrira ⟶	حَدَّاد
صَبْبَاغ		صَبَّاغ
صَبْبَان		صَبَّان
صَرْرَاف		صَرَّاف
صَيْيَاغ		صَيَّاغ
نَتْتَاف		نَتَّاف

Traduisez

حَدَّاد	__________	أَلْحَدَّاد	__________
خَبَّاز	__________	أَلْخَبَّاز	__________
حَلَّاق	__________	أَلْحَلَّاق	__________
خَبَّازَة	__________	أَلْخَبَّازَة	__________
حَلَّاقَة	__________	أَلْحَلَّاقَة	__________

Le « T noué » de l'arabe est, en quelque sorte, l' « e muet » du français.

Séquence 227 : Exercice de traduction de phrases

Traduisez :

281 *Elle mangea et ne remercia pas.* وَما شَكَرَتْ __________

Oui, papa, elle étudia et ne comprit pas. وَما فَهِمَتْ __________

L'aéroport de Beyrouth est proche. __________

Le sérail de Beyrouth est grand. __________

Le chien de Riḍā est étrange. __________

Eux deux s'en furent. __________

C'est l'ambassadeur du Canada. __________

Oui, Ḥasan, la porte d'ʿAmina est ouverte. __________

Riḍā est venu de Tyr. __________

Suʿād est venue d'Égypte. __________

Elles deux vinrent au mois de Rajab. __________

Il est de France et nous du Liban. __________

Elle est d'Égypte non de Tunisie. __________

Enfant ! Qui mange grandit. __________

Elle mangea un kilo de carottes et fut repue. __________

Eux 2 cherchèrent dans le cahier de Ḥasan. __________

Il est de Tyr au Liban. __________

Séquence 228 : La dérivation étymologique en arabe

Partons du substantif	*pain*	خُبْز
Quel est le verbe correspondant	*il panifia*	________________
Quel est le nom d'action	*panification*	________________
Comment dit-on	*panifiant*	________________
Comment désigne-t-on	*un boulanger*	خَبَّاز
Comment dit-on	*panifié*	________________

Il ne s'agit là que de quelques dérivations extraites du substantif خُبْز .

Ainsi, en partant d'une racine de trois consonnes, l'arabe vous permet de forger une masse de mots dont la forme suffit très souvent à en indiquer le sens.

Prononcer la šaddaẗ

Je prononce		J'écris
حَدْدَاد		حَدَّاد
صَبْبَاغ		صَبَّاغ
صَبْبَان		صَبَّان
صَرْرَاف		صَرَّاف
صَيْيَاغ		صَيَّاغ
نَتْتَاف		نَتَّاف
خَبْبَاز	*boulanger*	خَبَّاز

Séquence 229 : Le verbe et son nom d'action

Complétez le tableau :

action, acte	**فَعْل**	**فَعَلَ**	*il fit*
________	ضَرْب	________	______
________	________	حَلَقَ	______
prohibition	________	________	______
________	________	________	*il panifia*
________	صَرْف	________	______
________	________	دَرَسَ	______
ouverture	________	________	______
________	________	________	*il attira*
________	بَحْث	________	______
________	________	صَرَفَ	______
teinture	________	________	______
________	نَتْف	________	*il pluma*
________	كَسْر	________	______
________	________	حَجَبَ	______
action de manger	________	________	______

Séquence 230 : La liaison de l'article

Le français élide l'article défini « le » ou « la » avant la voyelle d'un nom. Ainsi, « le avion » devient « l'avion ». En français, par conséquent, la liaison phonétique se fait entre l'article et la voyelle du mot qui le suit immédiatement.

En arabe, nous avons également une liaison phonétique, mais entre l'article et le mot qui le précède immédiatement :

Pain خُبْز

Le pain أَلْخُبْز

Et le pain وَ أَلْخُبْز

Dans ce dernier cas (*et le pain*), la voyelle brève du début de l'article (fatḥaẗ) s'efface au profit de la voyelle brève stable qui la précède (celle de la conjonction وَ .

Ainsi, au lieu de prononcer « wa al-... », nous prononcerons « wa-l-... ».

La voyelle « a bref » de l'article est tout simplement occultée quand elle est précédée par une autre voyelle brève, c'est-à-dire toujours, à l'exception du cas où l'article est en début de phrase : c'est le seul cas où le « a bref » de l'article est prononcé !

Nous nous retrouvons donc, en arabe, avec une double liaison de l'article :

- L'article « al- » se lie graphiquement au nom qu'il introduit ;
- L'article « al- » se lie phonétiquement à la voyelle brève qui le précède et en perd son « a bref ».

Et, pour vous signaler que l'article « al- » a perdu son « a bref », nous n'écrirons plus أَلْـ mais plutôt ٱلـ . Le signe qui a remplacé ءَ au sommet du « A long » s'appelle « waṣlaẗ » (ce qui signifie *liaison*) et s'écrit ٱ .

Ainsi, وَ أَلْخُبْز devient وَ ٱلْخُبْز , dont le début وَ ٱلْـ se prononce « wa-l ». Une hamzaẗ disparaît au profit d'une waṣlaẗ quand, dans le mot, cette hamzaẗ n'est pas d'origine. Vous verrez quelques mots arabes où la hamzaẗ, qui n'est pas une consonne d'origine du mot, se transforme en waṣlaẗ

Séquence 231 : Prononcer la waṣlaẗ

Considérons ces quatre phrases :

Il ouvrit la porte	فَتَحَ ٱلْبَابَ
Il frappa le forgeron	ضَرَبَ ٱلْحَدّادَ
Il cassa la clef	كَسَرَ ٱلْمِفْتَاحَ
(Textuellement) : *Il panifia le pain*	خَبَزَ ٱلْخُبْزَ

Je prononce	←	**J'écris**
فَتَحَلْ بَاب		فَتَحَ ٱلْبَابَ
ضَرَبَلْ حَدْدَاد		ضَرَبَ ٱلْحَدّادَ
كَسَرَلْ مِفْتَاح		كَسَرَ ٱلْمِفْتَاحَ
خَبَزَلْ خُبْز		خَبَزَ ٱلْخُبْزَ

Écoutez et répétez

Fichier son 27

Prononcez les quatre phrases ci-dessus.

Vous remarquerez, en écoutant le fichier son, que je ne prononce pas la dernière voyelle brève d'une phrase. C'est une règle de la phonétique arabe. À la fin d'une phrase, j'occulte la voyelle brève.

À quoi sert cette règle ? À signaler à celui qui vous écoute que vous terminez une phrase et qu'à l'écrit, vous êtes parvenu au point final de la phrase.

C'est la règle du point final. À l'oral, je ne peux pas voir le point final. Mais, grâce à cette règle, je peux l'entendre !

Séquence 232 : La fatḥaẗ

À l'origine de la dérivation, il y a une succession de trois consonnes. Prenons la succession [ح ت ف]. C'est cette série de trois consonnes que j'appelle une racine étymologique, à partir de laquelle je vais dériver de nouveaux mots.

L'*action d'ouvrir* se dira فَـتْـح de schème فَعْل

Le verbe d'action *il ouvrit* se dira فَـتَـحَ de schème فَعَلَ

L'agent – participe actif *ouvreur, ouvrant* se dira فَـا تِـح de schème فاعِل

Le verbe passif *il fut ouvert* se dira فُـتِـحَ de schème فُعِلَ

Le participe passif *ouvert* se dira مَـفْـتُـو ح de schème مَفْعول

Le nom d'instrument *clé* se dira مِـفْـتَـا ح de schème مِفْعال

Rajoutons à cette série de mots un nouveau schème extrêmement courant en arabe :

L'*action d'ouvrir*, le **concept** d'*ouverture* se dit فَـتْـح . En revanche, *une seule ouverture*, une seule occurrence de l'action se dira فَـتْـحَـة . Le schème فَـعْـلَـة est le schème du **nom d'une fois**. Comparons :

L'action en tant que concept فَعْل / Une seule occurrence de cette action فَعْلَة

Le concept d'ouverture فَـتْـح / Une seule ouverture فَـتْـحَـة

D'où le fait qu'une seule ouverture de la bouche pour prononcer un « a bref » se dise en arabe فَـتْـحَـة fatḥaẗ ! C'est le nom de la voyelle brève « a ».

Séquence 233 : La ḍammaẗ

Récapitulons nos schèmes en commençant ici :

فَعْل	فَعَل	فاعِل	فُعِل	مَفْعول	مِفْعال	فَعْلَة
Nom d'action	Verbe actif	Participe actif	Verbe passif	Participe passif	Nom d'instrument	Nom d'1 fois

Partez maintenant de la racine [ض م م] qui exprime la notion de *joindre*, par exemple *joindre les lèvres*. Par analogie avec la فَـتْـحَـة qui est une seule ouverture de la bouche pour prononcer la ـَ , la ضَـمْـمَـة est l'action de joindre une seule fois les lèvres pour prononcer le « ou bref » ـُ ḍammaẗ.

Ai-je bien orthographié le mot ضَـمْـمَـة ? Non, car je n'ai pas respecté la règle expliquée en **séquence 226**. Ce mot se prononce ضَـمْـمَـة mais s'écrira ضَـمَّـة . En fait, je n'écris la consonne redoublée ـمـ qu'une seule fois, mais surmontée de la ـّ et de la voyelle brève du 2e ـمـ , le 1er ـمـ portant, par définition, un sukūn (zéro voyelle).

Dérivez

Donnez le participe passif en partant des trois racines suivantes et traduisez-le :

______________	______________	[ف ت ح]
______________	______________	[ض م م]
______________	______________	[ك س ر]

Séquence 234 : La kasraẗ

Récapitulons nos schèmes :

فَعْلَة	مِفْعال	مَفْعول	فُعِل	فاعِل	فَعَل	فَعْل
Nom d'1 fois	Nom d'instrument	Participe passif	Verbe passif	Participe actif	Verbe actif	Nom d'action

Partez de la racine [ك س ر] qui exprime la notion de cassure, de brisure. Or, quand je prononce la كَسْرَة , j'étire les lèvres au point de « casser » les joues. La كَسْرَة est donc une seule « cassure » des joues pour prononcer la kasraẗ (« i » bref) ! Notez que le schème de كَسْرَة est فَعْلَة (schème du nom d'une fois), comme pour فَتْحَة et ضَمَّة .

Dérivez

Le *cassage* en tant que concept ____________________

Il cassa ____________________

Casseur, cassant ____________________

Il fut cassé ____________________

Cassé ____________________

*Cassé**e*** ____________________

Une seule cassure ____________________

Séquence 235 : La waṣlaẗ et la šaddaẗ

Maintenant que la dérivation n'a plus de secret pour vous, vous allez pouvoir expliquer vous-même le nom de la waṣlaẗ !

[و ص ل] exprime la notion de lien, de liaison. Traduisez :

وَصْـــل ______________________________

وَصَـــلَ ______________________________

و ا صِـــل ______________________________

وُصِـــلَ ______________________________

مَـــوْصـــو ل ______________________________

وَصْـــلَـــة ______________________________

[ش د د] exprime la notion de serrage et de renforcement. De cette racine, je dérive le nom d'une fois شَـــدَّ ة que je prononce شَـــدْ دَ ة . Il y a resserrement graphique (**séquence 226**), puisque je n'écris plus خَـــبْـــبَـــا ز *boulanger* mais خَـــبَّـــا ز : j'ai resserré l'écriture en n'écrivant plus qu'un seul ـــبـــ au lieu de deux. Il y a également renforcement phonétique, puisque je prononce les deux ـــبـــ consécutivement.

Traduisez :

Renforcé, serré ______________ *Renforcée, serrée* ______________

Séquence 236 : Signes et voyelles brèves

Récapitulons :

« a bref »	ـَ	fatḥaẗ	فَتْحَة
« ou bref »	ـُ	ḍammaẗ	ضَمَّة
« i bref »	ـِ	kasraẗ	كَسْرَة
absence de voyelle brève	ـْ	sukūn	سُكُون
absence de consonne	ء	hamzaẗ	هَمْزَة
doublement de consonne	ـّ	šaddaẗ	شَدَّة
article en début de phrase	أَلْـ	al-	
article en milieu de phrase	ٱلْـ	- l -	

En début de phrase, l'article défini commence par une hamzaẗ portée par un « A long » que l'on ne prononce pas.

En milieu de phrase, l'article défini commence par une waṣlaẗ portée par un « A long » que l'on ne prononce pas.

Voici le dessin de la waṣlaẗ :  Commencez ici puis vers la droite !

Traduisez

ضَرَبَ	________	ضَارِب	________
ضُرِبَ	________	مَضْرُوب	________
ضَرْب	________	ضَرْبَة	________
خَبْز	*panification*	خَبْزَة	*une fournée*

Séquence 237 : Mon pauvre « alif »

Récapitulons les misères subies par notre « Alif » :

- N'étant que pure voyelle, le « Alif » est banni de l'alphabet arabe ;
- Il est même parfois banni de la ligne de référence. Il est alors suscrit ٰ comme dans لٰـــكِــن , rappelant ainsi sa vulgaire origine de voyelle ;
- Derrière un « L », il est penché comme dans le mot « *non* » لا ou dans le mot « Islam » إِسْـــلام ;
- Avec la hamzaẗ أ et la waṣlaẗ ٱ , il n'est que support orthographique ;
- Il est placé à la fin du verbe conjugué avec هُـــمْ (masculin pluriel) pour distinguer ce verbe du masculin pluriel des noms. Exemple : أَكَـــلـــوا . À la fin de ce verbe, le ا ne se prononce pas.

Mais il est une misère plus grande encore ! Notre ا change totalement de forme à la fin de certains mots et s'écrit ى comme un ي privé de ses deux points. En arabe, *il marcha* se dit مَـــشَـــيَ . Or, les Arabes ne peuvent prononcer la succession **a-y-a** de la fin de مَـــشَـــيَ et prononcent مَـــشـــا que l'on écrira مَـــشـــى pour rappeler le ي d'origine à la fin du verbe مَـــشَـــيَ *il marcha* ! Ainsi, مَـــشَـــيَ devient مَـــشـــى prononcé مَـــشـــا !

Séquence 238 : La suite de la conjugaison

À la **séquence 211**, nous avons vu les cinq premiers pronoms personnels arabes. Dans l'ordre :

il هُوَ

eux deux هُمَا

ils, eux هُمْ

elle هِيَ

elles deux هُمَا

Le pronom suivant, *elles*, se dit : هُنَّ . Ce pronom comporte une šaddaẗ ; il se prononce donc هُنْنَ . Conjuguons *elles allèrent* :

هُنَّ [هُنْنَ] ذَهَبْنَ

Je constate que le verbe se termine comme son pronom personnel !

Conjuguons ce verbe avec les six pronoms de l'absent (donc de la 3e personne) :

Féminin	Masculin
هِيَ ذَهَبَتْ	هُوَ ذَهَبَ
هُمَا ذَهَبَتَا	هُمَا ذَهَبَا
هُنَّ ذَهَبْنَ	هُمْ ذَهَبُوا

Le هـ est le **marqueur** du pronom personnel de l'absent (3e personne).

Séquence 239 : La deuxième personne

En arabe, la 2e personne est dite « la personne de l'interlocuteur ». Pour les six pronoms de cette 2e personne, le verbe se terminera comme son pronom. C'était déjà le cas pour le pronom « elles » :

هُنَّ [هُنْنَ] ذَهَبْنَ

Et voici la 2e personne :

أَنْتَ	ذَهَبْتَ	*tu (masculin) allas*
أَنْتُمَا	ذَهَبْتُمَا	*vous deux (masculin) allâtes*
أَنْتُمْ	ذَهَبْتُمْ	*vous (masculin pluriel) allâtes*
أَنْتِ	ذَهَبْتِ	*tu (féminin) allas*
أَنْتُمَا	ذَهَبْتُمَا	*vous deux (féminin) allâtes*
أَنْتُنَّ	ذَهَبْتُنَّ	*vous (féminin pluriel) allâtes*

Traduisez les pronoms personnels

هُوَ	__________	أَنْتَ	__________
هُمَا	__________	أَنْتُمَا	__________
هُمْ	__________	أَنْتُمْ	__________
هِيَ	__________	أَنْتِ	__________
هُمَا	__________	أَنْتُمَا	__________
هُنَّ	__________	أَنْتُنَّ	__________

Le أَنْتـ est le **marqueur** du pronom de l'interlocuteur (2e personne).

Séquence 240 : La conjugaison complète

Conjuguez :

Gagner	Ouvrir	Étudier		
	فَتَحَ			هُوَ
				هُمَا
رَبِحُوا				هُمْ
				هِيَ
				هُمَا
				هُنَّ
				أَنْتَ
				أَنْتُمَا
				أَنْتُمْ
				أَنْتِ
				أَنْتُمَا
		دَرَسْتُنَّ		أَنْتُنَّ
		دَرَسْتُ	*je*	أَنَا
		دَرَسْنَا	*nous*	نَحْنُ

Séquence 241 : Encore de la conjugaison

Conjuguez :

هُوَ			
هُمَا			
هُمْ			
هِيَ			
هُمَا			
هُنَّ	كَبُرْنَ		
أَنْتَ			
أَنْتُمَا			
أَنْتُمْ			
أَنْتِ		سَمِعْتِ	
أَنْتُمَا			
أَنْتُنَّ			
أَنَا			فَهِمْتُ
نَحْنُ			

Séquence 242 : Ultime conjugaison

Conjuguez :

هُوَ			
هُمَا			
هُمْ			
هِيَ	حَفِظَتْ		
هُمَا			
هُنَّ			
أَنْتَ		شُكِرْتَ	
أَنْتُمَا			
أَنْتُمْ			
أَنْتِ			
أَنْتُمَا			
أَنْتُنَّ			
أَنَا			
نَحْنُ			سَهِرْنَا

LEXIQUE

Dans ce lexique arabe- français, nous classons les lettres dans l'ordre suivant :

ء ب ت ث ج ح خ د ذ ر ز س ش

ص ض ط ظ ع غ ف ق ك ل م ن ه

ا و ي

ء

أَخَذَ	il prit, il saisit
أُخِذَ	il fut pris, il fut saisi
أَخَذَتْ	elle prit
أُخِذَتْ	elle fut prise
إِسْبَانِيَا	Espagne
أُسْتَاذ	maître d'école ; monsieur ; maître (avocat)
أُسْتَاذَة	maîtresse d'école ; maître (avocate)
إِسْلَام	Islam
أَكَلَ	il mangea
أُكِلَ	il fut mangé
أَكَلَتْ	elle mangea
أُكِلَتْ	elle fut mangée
أَلْـ ...	le, la, les (article défini unique en arabe)
أَلَم	douleur

il ordonna	أَمَرَ
il fut ordonné (= reçut un ordre)	أُمِرَ
elle ordonna	أَمَرَتْ
elle fut ordonnée (= reçut un ordre)	أُمِرَتْ
loyal ; prénom masculin Amīn	أَمِين
loyale ; prénom féminin Amīnaẗ	أَمِينَة
tu (pronom personnel masculin)	أَنْتَ
tu (pronom personnel féminin)	أَنْتِ
vous (pronom personnel masculin pluriel)	أَنْتُمْ
vous deux (pronom personnel duel, masculin et féminin)	أَنْتُمَا
vous (pronom personnel féminin pluriel)	أَنْتُنَّ
je	أَنَا
celui qui prend, qui saisit : prenant ; preneur	آخِذ
celui qui mange : mangeant ; mangeur	آكِل
celui qui donne des ordres : ordonnant ; donneur d'ordre	آمِر
Europe	أُورُوبا
Iran	إِيرَان

ب

recherche	بَحْث
il (re)chercha	بَحَثَ
il fut (re)cherché	بُحِثَ

elle (re)chercha	بَحَثَتْ
elle fut (re)cherchée	بُحِثَتْ
burnous	بُرْنُس
il étendit, il étala	بَسَطَ
il fut étendu, il fut étalé	بُسِطَ
elle étendit, elle étala	بَسَطَتْ
elle fut étendue, elle fut étalée	بُسِطَتْ
patate, pomme de terre	بَطَاطا
Bagdad	بَغْداد
espèce bovine (bœufs, vaches)	بَقَر
pays, zone habitée (d'où le bled, en français), centre-ville	بَلَد
porte	باب
papa, pape	بابا
Bata (marque de chaussures)	باتا
celui qui cherche : cherchant, chercheur	باحِث
Paris	باريس
souk, bazar, foire, marché سوق =	بازار
Celui qui étend, qui étale : étalant ; Généreux (Allāh)	باسِط
pacha	باشا
bus	باص
le Panama	باناما

puits	بير
Beyrouth	بَيْروت

ت

sous, en dessous	تَحْتَ
tourbe, terreau	تُراب
couronne	تاج
Tunis ; la Tunisie	تونِس

ث

stabilité	ثَبات

ج

algèbre	جَبْر
montagne (d'où le djebel, en français)	جَبَل
Gibraltar	جَبَلُ طارِق
Mont-Liban	جَبَلُ لُبْنان
il [l'aimant] attira	جَذَبَ
il fut attiré [par un aimant]	جُذِبَ
elle attira	جَذَبَتْ
elle fut attirée [par l'aimant]	جُذِبَتْ
(espèce) carotte	جَزَر
jihad	جِهاد

il vint	جَاءَ
elle vint	جَاءَتْ
prénom masculin Ǧād	جَاد
ce qui attire : attirant, attractif	جَاذِب
il eut faim	جَاعَ
elle eut faim	جَاعَتْ

ح

il dissimula, cacha, voila	حَجَبَ
il fut dissimulé, caché, voilé	حُجِبَ
elle dissimula, cacha, voila	حَجَبَتْ
elle fut dissimulée, cachée, voilée	حُجِبَتْ
action de repousser le regard indiscret ; voile	حِجَاب
le Hedjaz	حِجَاز
il survint, il eut lieu. [Se dit d'un événement]	حَدَثَ
elle survint, elle eut lieu	حَدَثَتْ
forgeron	حَدّاد
récent, moderne ; ḥadīṯ (faits et gestes du Prophète)	حَدِيث
guerre	حَرْب
illicite, interdit, contraire de حَلال	حَرَام
parti (politique)	حِزْب
Ḥasan (prénom masculin) ; joli, bien fait (adjectif)	حَسَن

embargo, prohibition	حَظْر
il prohiba	حَظَرَ
il fut prohibé	حُظِرَ
elle prohiba	حَظَرَتْ
elle fut prohibée	حُظِرَتْ
il garda, conserva, mémorisa, sauvegarda	حَفِظَ
il fut gardé, conservé, mémorisé, sauvegardé	حُفِظَ
elle garda, conserva, mémorisa, sauvegarda	حَفِظَتْ
elle fut gardée, conservée, mémorisée, sauvegardée	حُفِظَتْ
Alep (métropole économique de Syrie)	حَلَب
il rasa (sa barbe)	حَلَقَ
il (un crâne) fut rasé	حُلِقَ
elle rasa	حَلَقَتْ
elle (une barbe) fut rasée	حُلِقَتْ
barbier, coiffeur	حَلاَّق
licite, halal, contraire de حَرَام	حَلاَل
celui qui cache : voilant, dissimulant ; sourcil (cachant le regard), chambellan (cachant le prince)	حَاجِب
ce qui survient : ayant lieu ; accident, événement	حَادِث
celui qui garde, conserve, mémorise, sauvegarde	حَافِظ
celui qui rase (une barbe)	حَالِق

خ

خَبّاز	boulanger
خُبْث	hypocrisie
خَبْز	action de faire du pain, panification
خَبَزَ	il fit du pain, panifia
خُبْز	pain
خُبِزَ	il (le pain) fut cuit
خَبَزَتْ	elle fit du pain, panifia
خُبِزَتْ	elle (la pâte à pain) fut cuite
خَبْزَة	une fournée
خَبيث	hypocrite, sournois, malin
خَسِرَ	il perdit
خُسِرَ	il (par exemple un match) fut perdu
خَسِرَتْ	elle perdit
خُسِرَتْ	elle fut perdue
خابِز	faisant du pain, panifiant
خاسِر	perdant

د

دَجاج	(espèce) poule
دُبَي	Dubaï
دَرْس	étude (= action d'étudier) ; leçon

il étudia	دَرَسَ
il fut étudié	دُرِسَ
elle étudia	دَرَسَتْ
elle fut étudiée	دُرِسَتْ
cahier	دَفْتَر
demeure, maison, résidence	دار
celui qui étudie	دارِس
nom de la consonne د	دال

ذ

(espèce) mouche	ذُباب
il alla	ذَهَبَ
elle alla	ذَهَبَتْ
celui qui s’en va : allant	ذاهِب
nom de la consonne ذ	ذال

ر

il gagna	رَبِحَ
il (par exemple le gros lot) fut gagné	رُبِحَ
elle gagna	رَبِحَتْ
elle (par exemple la cagnotte) fut gagnée	رُبِحَتْ
garnison ; (ville de) Rabat (au Maroc)	رِباط
7e mois (lunaire) du calendrier musulman	رَجَب

Rašīd (prénom masculin) ; mature (adjectif)	رَشيد
Rašīdaẗ (prénom féminin) ; mature (adjectif)	رَشيدَة
prénom masculin Riḍā	رِضا
il monta (un cheval, en voiture, à bord d'un bateau…)	رَكِبَ
il (un cheval) fut monté	رُكِبَ
elle monta (un cheval, en voiture, à bord d'un bateau…)	رَكِبَتْ
elle (une jument) fut montée	رُكِبَتْ
gagnant	رابِح
celui qui monte : enfourchant ; passager	راكِب
Russes	روس
Rome	روما

ز

du verre	زُجاج

س

samedi	سَبْت
sérail	سَراي
prénom féminin Su`ād	سُعاد
voyage (d'où le safari, en français)	سَفَر
ambassadeur	سَفير
il habita	سَكَنَ
elle habita	سَكَنَتْ

absence de voyelle brève	سُــكــو ن
paix, salut	سَــلا م
exempt de tout défaut, très sain ; prénom masculin Salīm	سَــلــيــم
exempte de défauts, très saine ; prénom féminin Salīmaẗ	سَــلــيــمَــة
il autorisa	سَــمَــحَ
il fut autorisé	سُــمِــحَ
elle autorisa	سَــمَــحَــتْ
elle fut autorisée	سُــمِــحَــتْ
il entendit	سَــمِــعَ
il fut entendu	سُــمِــعَ
elle entendit	سَــمِــعَــتْ
elle fut entendue	سُــمِــعَــتْ
clément	سَــمــيــح
confident de nuit ; prénom masculin Samīr	سَــمــيــر
confidente de nuit ; prénom féminin Samīraẗ	سَــمــيــرَ ة
l'un des attributs d'Allāh : Celui qui entend (la prière du fidèle)	سَــمــيــع
il veilla, ne dormit point, resta éveillé	سَــهِــرَ
elle veilla, ne dormit point, resta éveillée	سَــهِــرَ تْ
celui qui habite : résidant (participe) ; résident (nom)	ســا كِــن
en paix, sain et sauf	ســا لِــم
celui qui autorise : autorisant	ســا مِــح

سَامِع		celui qui entend
سَاهِر		celui qui veille : veillant, vigilant
سُوق	= بَازَار	souk, bazar, foire, marché

ش

شَبِعَ	il se rassasia
شَبِعَتْ	elle se rassasia
شَدَّ	il serra
شُدَّ	il fut serré
شَدَّتْ	elle serra
شُدَّتْ	elle fut serrée (se dit d'une corde…)
شَدَّة	un doublement de consonne
شَرِبَ	il absorba (le liquide), il but
شُرِبَ	il (le liquide) fut absorbé, il fut bu
شَرِبَتْ	elle absorba (le liquide), elle but
شُرِبَتْ	elle (la boisson) fut absorbée, elle fut bue
شَرْق	Est, Orient
شَرَاب	sirop, boisson
شَكَرَ	il remercia
شُكِرَ	il fut remercié
شَكَرَتْ	elle remercia
شُكِرَتْ	elle fut remerciée

soleil	شَمْس
Shéhérazade (prénom féminin)	شَهْرَزاد
il désira	شاءَ
elle désira	شاءَتْ
celui qui se rassasie : repu	شابِع
celui qui absorbe (l'eau) : buvant, buveur ; moustache	شارِب
celui qui remercie : remerciant ; reconnaissant	شاكِر
shah	شاه

ص

teinturier	صَبّاغ
fabricant de savon	صَبّان
il teignit	صَبَغَ
il fut teint	صُبِغَ
elle teignit	صَبَغَتْ
elle fut teinte	صُبِغَتْ
poitrine	صَدْر
agent de change	صَرّاف
zéro	صِفْر
nom de la consonne ص	صاد
Tyr (au Sud-Liban)	صور
orfèvre	صَيّاغ

ض

ضَرَبَ	il frappa, tapa
ضُرِبَ	il fut frappé, tapé
ضَرَبَتْ	elle frappa, tapa
ضُرِبَتْ	elle fut frappée, tapée
ضَمَّة	« ou bref » (nom de la voyelle)
ضاد	nom de la consonne ض
ضارِب	celui qui frappe, frappant

ط

طَرَب	transe musicale
طَرِبَ	il entra en transe musicale
طَرِبَتْ	elle entra en transe musicale
طَرابُلُس	Tripoli (de Lybie, du Liban)
طَهْران	Téhéran
طارِق	Ṭāriq (prénom masculin Tarek)

ع

عَبْد	adorateur, esclave
عَبَدَ	il adora
عُبِدَ	il fut adoré
عَبَدَتْ	elle adora
عُبِدَتْ	elle fut adorée

عَرَب	Arabes
عَرَق	arak (boisson anisée de la famille de l'ouzo, du pastis)
عَسْكَر	troupe, armée
عَشِقَ	il se passionna pour, s'éprit de, aima très fort
عُشِقَ	il fut passionnément aimé
عَشِقَتْ	elle se passionna pour, s'éprit de, aima très fort
عُشِقَتْ	elle fut passionnément aimée
عَلَم	drapeau, bannière, étendard
عُمَان	Oman (sultanat)
عاشِق	celui qui aime passionnément

غ

غَرْب	Ouest, Occident
غَرِقَ	il se noya, coula
غَرِقَتْ	elle se noya, coula
غَرِيب	étrange ; étranger
غَرِيق	naufragé
غارِق	celui qui se noie, qui coule

ف

فَتْح	ouverture (de porte) ; conquête (de pays)
فَتَحَ	il ouvrit (une porte) ; il conquit (un pays)
فُتِحَ	il (le portail) fut ouvert ; il (le pays) fut conquis

فَتَحَتْ	elle ouvrit (une porte) ; elle conquit (un pays)
فُتِحَتْ	elle (la porte) fut ouverte ; elle (la contrée) fut conquise
فَتْحَة	une ouverture ; un « a bref » (nom de la voyelle)
فَرَنْسَا	la France
فَعَلَ	il a agi
فَعَلَتْ	elle a agi
فَلَسْطِين	Palestine
فَلَافِل	falafels (spécialité culinaire)
فَهِمَ	il comprit
فُهِمَ	il fut compris
فَهِمَتْ	elle comprit
فُهِمَتْ	elle fut comprise
فَهِيم	celui qui comprend très vite et très bien
فَاتِح	celui qui ouvre, conquiert : ouvrant, conquérant
فَاس	Fès (au Maroc)
فَاطِمَة	prénom de la fille du Prophète
فَاعِل	celui qui agit : agissant ; auteur d'une action
فَاهِم	celui qui comprend : comprenant
فِي	dans (préposition)

ق

قَبِلَ	il accueillit favorablement, accepta, agréa

il fut accueilli favorablement, accepté, agréé	قُبِلَ
elle accueillit favorablement, accepta, agréa	قَبِلَتْ
elle fut accueillie favorablement, acceptée, agréée	قُبِلَتْ
près de	قُرْبَ
proche géographiquement ; proche parent	قَرِيب
cœur	قَلْب
lune	قَمَر
celui qui accepte : acceptant ; sage-femme	قابِل
nom de la consonne ق	قاف
Cana (bourg du Sud-Liban)	قانا

ك

il grandit, poussa (de manière irréversible)	كَبُرَ
elle grandit, poussa (de manière irréversible)	كَبُرَتْ
kébab	كَباب
grand	كَبِير
khôl	كُحْل
il cassa	كَسَرَ
il fut cassé	كُسِرَ
elle cassa	كَسَرَتْ
elle fut cassée	كُسِرَتْ
« i bref » (nom de la voyelle)	كَسْرَة

chien	كَلْب
combien ?	كَمْ ؟
Canada	كَنَدا
celui qui casse	كاسِر
nom de la consonne ك	كاف
kilo	كيلو

ل

le Liban	لُبْنان
litre	لتْر
Londres	لُنْدُن
non	لا
pas mal	لا بَأْس
mais (conjonction de coordination)	لٰكِن
nuit	لَيْل

م

pris, saisi	مَأْخوذ
mangé	مَأْكول
celui qui reçoit des ordres : subordonné	مَأْمور
mètre	مِتْر
Magyars (actuels Hongrois)	مَجَر
caché, voilé, dissimulé	مَحْجوب

(soigneusement) étudié	مَدْروس
Madrid	مَدْريد
autorisé, permis	مَسْموح
Orient arabe, Levant	مَشْرِق
ce qui est bu : absorbé ; boisson	مَشْروب
remercié, loué	مَشْكور
il marcha	مَشى
l’Égypte	مِصْر
restaurant	مَطْعَم
aéroport	مَطار
Maghreb, Occident arabe	مَغْرِب
clé	مِفْتاح
ouvert (portail), conquis (pays)	مَفْتوح
compris ; concept	مَفْهوم
ce qui est agréé : accepté ; acceptable	مَقْبول
cassé	مَكْسور
qui ? (interrogatif)	مَنْ ؟
qui (relatif)	مَنْ
(en provenance) de	مِنْ
que, quoi ?	ما ؟
ne pas (particule de négation)	ما

ماما	maman
مَوْلِد	date de naissance
مَوْلود	celui qui est enfanté : nouveau-né

ن

نَبيل	noble ; prénom masculin Nabīl
نَبيلَة	noble ; prénom féminin Nabīlaẗ
نَتّاف	duvetier
نَحْنُ	nous (pronom personnel)
نَعَمْ	oui
نَفْط	pétrole
نَهار	jour
نابُلُس	Naplouse (en Palestine)
نور	lumière

ه

هُما	eux deux, elles deux (pronom personnel duel)
هُمْ	ils, eux (pronom personnel masculin pluriel)
هَمْزَة	nom de la consonne ء
هُنَّ	elles (pronom personnel)
هُوَ	il (pronom personnel)
هِيَ	elle (pronom personnel)

و

et (conjonction de coordination)	وَ
action de lier, de joindre	وَصْل
il lia, joignit ; il arriva (à destination)	وَصَلَ
il fut lié, joint	وُصِلَ
elle lia, joignit ; elle arriva (à destination)	وَصَلَتْ
elle fut liée, jointe	وُصِلَتْ
une liaison	وَصْلَة
délégation, mission	وَفْد
il engendra	وَلَدَ
il fut engendré ; il naquit	وُلِدَ
elle enfanta	وَلَدَتْ
elle fut enfantée ; elle naquit	وُلِدَتْ
Oran (en Algérie)	وَهْرَان
géniteur, père	وَالِد

ي

ô ... ! (vocatif, pour appeler quelqu'un)	يَا ... !

Corrigés des tests de niveau

Corrigé séquence 10

Porte =	بـــا ب	*Bata* =	بـــا تـــا
Couronne =	تـــا ج	*Papa* =	بـــا بـــا
Stabilité =	ثَـــبـــا ت		

Corrigé séquence 19

Elle fut dissimulée	حُـــجِـــبَـــتْ	*Papa, pape*	بـــا بـــا
Il cacha	حَـــجَـــبَ	*Elle survint*	حَـــدَ ثَـــتْ
[L'aimant] attira	جَـــذَ بَ	*Sous*	تَـــحْـــتَ
Elle rechercha	بَـــحَـــثَـــتْ	*Porte*	بـــا ب
Elle dissimula	حَـــجَـــبَـــتْ	*Hypocrisie*	خُـــبْـــث

Corrigé séquence 29

حـــا جِـــب	حُـــجِـــبَـــتْ	حَـــجَـــبَـــتْ	حُـــجِـــبَ	حَـــجَـــبَ
chambellan	*elle fut cachée*	*elle cacha*	*il fut caché*	*il cacha*
بـــا حِـــث	بُـــحِـــثَـــتْ	بَـــحَـــثَـــتْ	بُـــحِـــثَ	بَـــحَـــثَ
chercheur	*elle fut recherchée*	*elle rechercha*	*il fut recherché*	*il rechercha*
جـــا ذِ ب	جُـــذِ بَـــتْ	جَـــذَ بَـــتْ	جُـــذِ بَ	جَـــذَ بَ
magnétique	*elle fut attirée*	*elle attira*	*il fut attiré*	*il attira*
ر ا بِـــح	رُ بِـــحَـــتْ	رَ بِـــحَـــتْ	رُ بِـــحَ	رَ بِـــحَ
gagnant	*elle fut gagnée*	*elle gagna*	*il fut gagné*	*il gagna*

Corrigé séquence 47

رَجَب	*7ème mois lunaire*
شارِب	*buvant, buveur, moustache*
خُسِرَتْ	*elle fut perdue*
سَبْت	*samedi*
دُرِسَ	*il fut étudié*
شَراب	*boisson, sirop*
باشا	*pacha*
حَدَث	*il eut lieu, il survint*
حِجاز	*Hedjaz (barrière montagneuse en Arabie)*

Corrigé séquence 52

1. Traduisez ces cinq mots :

حِزْب	تُراب	جَذَبَ	دَجاج	باب
Parti	*Tourbe*	*Il attira*	*Poule(t)*	*Porte*

2. En arabe, « il est survenu, il a eu lieu » se dit حَدَث . Comment désigne-t-on *ce qui survient, un événement, un accident* ? حادِث

3. Que signifie باحِث ? *Chercheur*

Corrigé séquence 61

ضَرَبَ / ضارِب ، جَذَبَ / جاذِب ، دَرَسَ / دارِس

حَدَثَ / حادِث ، خَبَزَ / خابِز ، بَحَثَ / باحِث

حَجَبَ / حاجِب

Corrigé séquence 67

Leçon	دَرْس	*Patate*	بَطاطا	*Transe*	طَرَب
Bus	باص	*Demeure*	دار	*Hypocrisie*	خُبْث
Pain	خُبْز	*Stabilité*	ثَبات	*Samedi*	سَبْت
Boisson	شَراب	*Moustache*	شارِب	*Garnison*	رِباط
Poitrine	صَدْر	*Poule*	دَجاج	*Il survint*	حَدَثَ
Accident	حادِث	*Elle survint*	حَدَثَتْ	*Il fut absorbé*	شُرِبَ
Absorbant	شارِب	*Il étudia*	دَرَسَ	*Elle fut étudiée*	دُرِسَتْ

Corrigé séquence 70

prohibant	حاظِر	*cherchant*	باحِث
perdant	خاسِر	*attirant*	جاذِب
survenant	حادِث	*gagnant*	رابِح
étudiant	دارِس	*voilant*	حاجِب
buvant	شارِب	*frappant*	ضارِب

Corrigé séquence 77

Action de faire du pain	خَبْز	*Recherche*	بَحْث
Prohibition	حَظْر	*Attraction*	جَذْب
Étude	دَرْس	*Action de frapper*	ضَرْب

Dissimulation حَجْب

Corrigé séquence 90

Elles 2 burent un « sirop » de carottes شَرِبَتا شَرابَ جَزَر

Il prohiba le parti de Bagdad	حَظَرَ حِزْبَ بَغْداد
Elles 2 perdirent la guerre du 7ᵉ mois	خَسِرَتا حَرْبَ رَجَب
Il étudia une leçon d'algèbre	دَرَسَ دَرْسَ جَبْر

Corrigé séquence 94

Elle ouvrit la porte de Riḍā	فَتَحَتْ بابَ رِضا
Il mémorisa une leçon d'algèbre	حَفِظَ دَرْسَ جَبْر
Elles 2 ouvrirent le cahier de Ğād	فَتَحَتا دَفْتَرَ جاد
Eux 2 gardèrent la couronne de Su`ād	حَفِظا تاجَ سُعاد
Il conquit le fort de Bagdad	فَتَحَ رِباطَ بَغْداد

Corrigé séquence 97

شَرِبَ	شَرِبا	شَرِبَتْ	شَرِبَتا	شارِب
خَسِرَ	خَسِرا	خَسِرَتْ	خَسِرَتا	خاسِر
غَرِقَ	غَرِقا	غَرِقَتْ	غَرِقَتا	غارِق
شَبِعَ	شَبِعا	شَبِعَتْ	شَبِعَتا	شابِع
رَبِحَ	رَبِحا	رَبِحَتْ	رَبِحَتا	رابِح
حَفِظَ	حَفِظا	حَفِظَتْ	حَفِظَتا	حافِظ
طَرِبَ	طَرِبا	طَرِبَتْ	طَرِبَتا	طارِب

Corrigé séquence 106

Riḍā ouvrit le cahier de Su'ād	فَتَحَ رِضا دَفْتَرَ سُعاد
Su'ād monta à bord (= prit) le bus de Baġdād	رَكِبَتْ سُعادُ باصَ بَغْداد
Papa se rassasia (= mangea trop) de patates	شَبِعَ بابا بَطاطا

Su ʿād ouvrit la porte de Riḍā	فَتَحَتْ سُعادُ بابَ رِضا
Riḍā mémorisa une leçon d'algèbre	حَفِظَ رِضا دَرْسَ جَبْر
Elles deux burent du sirop (= boisson à base) de carottes	شَرِبَتا شَرابَ جَزَر
Ǧād a grandi	كَبُرَ جاد
L'est de Baġdād fut prohibé (= interdit à la circulation)	حُظِرَ شَرْقُ بَغْداد

Corrigé séquence 111

Passager	ر ا كِـــب
Remerciant	شـــا كِـــر
Coulant, se noyant	غـــا رِ ق
Conservant, mémorisant	حـــا فِـــظ
Se rassasiant, mangeant à satiété	شـــا بِـــع
Perdant	خـــا سِـــر
Accident, survenant, ayant lieu	حـــا دِ ث
Buvant, se désaltérant	شـــا رِ ب

Corrigé séquence 128

Su ʿād entendit le chien de Riḍā	سَمِعَتْ سُعادُ كَلْبَ رِضا
Le restaurant de papa est près de l'aéroport d'Alep	مَطْعَمُ بابا قُرْبَ مَطارِ حَلَب
Riḍā s'éprit du cœur (= centre historique) d'Alep	عَشِقَ رِضا قَلْبَ حَلَب
L'aéroport de Tripoli est près d'une montagne	مَطارُ طَرابُلُس قُرْبَ جَبَل

شَرِبَتْ ماما لِتْرَ شَراب	*Maman but un litre de sirop*
دارُ رِضا غَرْبَ جَبَلِ بَغْداد	*La demeure de Riḍā est à l'ouest de la montagne de Bagdad*
رَكِبا باصَ مَطارِ بَغْداد	*Eux 2 montèrent à bord (= prirent) le bus de l'aéroport de B.*
مِصْرُ بَلَدُ سُعاد	*L'Égypte est le pays de Su ʿād*

Corrigé séquence 139

مَـــنْ نَـــحْـــنُ ؟	*Qui sommes-nous ?*
مَنْ رَكِبَ باصَ حَلَب ؟	*Qui est monté dans (= a pris) le bus d'Alep ?*
مـــا نَـــحْـــنُ ؟	*Que sommes-nous ?*
مَنْ شَرِبَ لِتْرَ عَرَق ؟	*Qui but un litre d'arak ?*
كَـــمْ نَـــحْـــنُ ؟	*Combien sommes-nous ?*
مَنْ فَتَحَ جَبَلَ طارِق ؟	*Qui conquit Gibraltar ?*
سُعادُ مِنْ مِصْر .	*Su ʿād est d'Égypte.*
مَنْ عَشِقَ جَبَلَ لُبْنان ؟	*Qui s'éprit du Mont-Liban ?*
كَمْ عَرَبُ فِرَنْسا ؟	*Combien sont les Arabes de France ?*
نَحْنُ مِنْ نابُلُس .	*Nous sommes de Naplouse.*
مَـــنْ غَـــرِقَ ؟	*Qui coula (= se noya) ?*
مَنْ فَتَحَ مَطْعَمَ كَباب ؟	*Qui ouvrit un restaurant de kébab ?*

Corrigé séquence 151

il but	شَـــرِبَ	شـــارِب	*il fut bu*	شُـــرِبَ	مَـــشْـــرو ب
il entendit	سَـــمِـــعَ	ســـامِـــع	*il fut entendu*	سُـــمِـــعَ	مَـــسْـــمـــو ع
il cassa	كَـــسَـــرَ	كـــاسِـــر	*il fut cassé*	كُـــسِـــرَ	مَـــكْـــســـو ر

مَدْرُوس	دُرِسَ	*il fut étudié*	دارِس	دَرَسَ	*il étudia*
مَحْفُوظ	حُفِظَ	*il fut gardé*	حافِظ	حَفِظَ	*il garda*

Corrigé séquence 167

action de frapper	ضَرْب	*il frappa*	ضَرَبَ
panification	خَبْز	*il panifia*	خَبَزَ
recherche	بَحْث	*il rechercha*	بَحَثَ
étude	دَرْس	*il étudia*	دَرَسَ
action de cacher	حَجْب	*il dissimula*	حَجَبَ
action d'attirer	جَذْب	*il attira*	جَذَبَ
action de casser	كَسْر	*il cassa*	كَسَرَ
rasage	حَلْق	*il rasa*	حَلَقَ
action d'ouvrir	فَتْح	*il ouvrit*	فَتَحَ
prohibition	حَظْر	*il prohiba*	حَظَرَ

Corrigé séquence 169

Participe passif ←	Verbe passif ←	Participe actif ←	Verbe actif ←	Nom de l'action
مَخْبُوز	خُبِزَ /	خابِز	خَبَزَ /	خَبْز
مَحْجُوب	حُجِبَ /	حاجِب	حَجَبَ /	حَجْب
مَدْرُوس	دُرِسَ /	دارِس	دَرَسَ /	دَرْس
مَضْرُوب	ضُرِبَ /	ضارِب	ضَرَبَ /	ضَرْب
مَكْسُور	كُسِرَ /	كاسِر	كَسَرَ /	كَسْر

حَـلْـق	حَـلَـقَ / حـا لِـق	حُـلِـقَ / مَـحْـلـو ق	
حَـظْـر	حَـظَـرَ / حـا ظِـر	حُـظِـرَ / مَـحْـظـو ر	
فَـتْـح	فَـتَـحَ / فـا تِـح	فُـتِـحَ / مَـفْـتـو ح	
بَـحْـث	بَـحَـثَ / بـا حِـث	بُـحِـثَ / مَـبْـحـو ث	

Corrigé du test de la séquence 187

Su`ād ouvrit un restaurant de kébab	فَتَحَتْ سُعادُ مَطْعَمَ كَباب
L'aéroport de Beyrouth est proche	مَطارُ بَيْروت قَريب
Elles 2 prirent de Tyr le bus de Beyrouth	رَكِبَتا باصَ بَيْروت مِنْ صور
Le sérail de Beyrouth est grand	سَرايُ بَيْروت كَبير
Le chien de Riḍā est étrange	كَلْبُ رِضا غَريب
Eux deux s'en furent	ذَهَبَا
Il est l'ambassadeur du Canada	هُوَ سَفيـرُ كَنَدا
Elles deux furent cachées	حُجِبَتا

Corrigé du test de la séquence 207

elle	هِـيَ	*il*	هُـوَ
eux deux	هُـمـا	*ils*	هُـمْ
quoi ?	مـا ؟	*ne pas*	لا
qui ?	مَـنْ ؟	*combien ?*	كَـمْ ؟
et	وَ	*mais*	لٰـكِـنْ
dans	فـي	*sous*	تَـحْـتَ

en provenance de	مِـــنْ	*ô*	يـــا
Est, Orient	شَـــرْ ق	*Ouest, Occident*	غَـــرْ ب
hypocrisie	خُـــبْـــث	*hypocrite*	خَـــبِـــيـــث
poulet	دَ جـــا ج	*verre*	زُ جـــا ج
tourbe	تُـــر ا ب	*porte*	بـــا ب
géniteur	و الِـــد	*papa*	بـــا بـــا
enfant	وَ لَـــد	*il engendra*	وَ لَـــدَ
stabilité	ثَـــبـــا ت	*naufragé*	غَـــرِ يـــق
sain et sauf	ســـا لِـــم	*près de*	قُـــرْ بَ
(un) proche	قَـــرِ يـــب	*ambassadeur*	سَـــفِـــيـــر
non !	لا !	*oui !*	نَـــعَـــمْ !

Corrigé du test de la séquence 215

Il mangea du blanc de poulet	أكَلَ صَدْرَ دَجاج
Elles 2 étudièrent les Arabes de Bagdad	دَرَسَتا عَرَبَ بَغْداد
Elle frappa le chien de Riḍā	ضَرَبَتْ كَلْبَ رِضا
Ils perdirent la guerre (du mois) de Rajab	خَسِروا حَرْبَ رَجَب
Eux deux ouvrirent la porte de Su`ād	فَتَحا بابَ سُعاد
Ils prohibèrent l'arak du Liban	حَظَروا عَرَقَ لُبْنان
Il conquit la garnison de Fès	فَتَحَ رِباطَ فاس
Riḍā cacha le cahier de Su`ād	حَجَبَ رِضا دَفْتَرَ سُعاد

Maman prit le bus de Tyr	رَكِبَتْ ماما باصَ صور
Papa mangea à satiété	شَبِعَ بابا
Le cahier de Riḍā est sous le cahier de Su`ād	دَفْتَرُ رِضا تَحْتَ دَفْتَرِ سُعاد
La maison de Riḍā est près de celle de Su`ād	دارُ رِضا قُرْبَ دارِ سُعاد
Le cœur de Bagdad est une zone de guerre	قَلْبُ بَغْداد دارُ حَرْب
Maman mangea des patates	أَكَلَتْ ماما بَطاطا
L'est de Tripoli s'est étendu (a grandi)	كَبُرَ شَرْقُ طَرابُلُس
Riḍā est de Cana et Su`ād de Naplouse	رِضا مِنْ قانا وَسُعادُ مِنْ نابُلُس

Corrigé du test de la séquence 217

Elle conserva la clé de la maison de Riḍā	حَفِظَتْ مِفْتاحَ دارِ رِضا
La maison de Riḍā est près de l'aéroport de Fès	دارُ رِضا قُرْبَ مَطارِ فاس
Su`ād entendit le chien de maman	سَمِعَتْ سُعادُ كَلْبَ ماما
Le restaurant de papa est près du souk de Tyr	مَطْعَمُ بابا قُرْبَ سوقِ صور
Riḍā s'éprit du centre (cœur) d'Alep	عَشِقَ رِضا قَلْبَ حَلَب
L'aéroport de Tripoli est près d'une montagne	مَطارُ طَرابُلُس قُرْبَ جَبَل
Maman et Nabilah sont au souk de Fès	ماما وَنَبيلَة في سوقِ فاس
La demeure de Riḍā est à l'ouest de Beyrouth	دارُ رِضا غَرْبَ بَيْروت
Eux 2 prirent le bus de l'aéroport de Tunis	رَكِبا باصَ مَطارِ تونِس
L'Égypte est le pays de Su`ād	مِصْرُ بَلَدُ سُعاد
Papa est de Tunisie	بابا مِنْ تونِس

Maman ouvrit la porte de la maison de Riḍā	فَتَحَتْ ماما بابَ دارِ رِضا
Eux 2 prirent le bus de l'aéroport de Beyrouth	رَكِبا باصَ مَطارِ بَيْروت
La maison de Riḍā est à l'ouest du Mont-Liban	دارُ رِضا غَرْبَ جَبَلِ لُبْنان
Elles 2 cassèrent la vitre de la porte de Riḍā	كَسَرَتا زُجاجَ بابِ رِضا
Nous sommes près du restaurant de papa	نَحْنُ قُرْبَ مَطْعَمِ بابا
Nous sommes de France	نَحْنُ مِنْ فَرَنْسا

Corrigé du test de la séquence 219

Que sommes-nous ?	ما نَحْنُ ؟
Que (moyen de transport) prit-elle ?	ما رَكِبَتْ ؟
Que (objet) prit-elle ?	ما أَخَذَتْ ؟
Qu'accepta maman ?	ما قَبِلَتْ ماما ؟
Qu'y a-t-il près de la demeure de Riḍā ?	ما قُرْبَ دارِ رِضا ؟
Qu'y a-t-il sous le cahier de Su `ād ?	ما تَحْتَ دَفْتَرِ سُعاد ؟
Nous sommes Arabes et ils sont Hongrois	نَحْنُ عَرَب وَهُمْ مَجَر .
Combien sommes-nous à Beyrouth ?	كَمْ نَحْنُ في بَيْروت ؟
La porte de la demeure de Riḍā est en verre	بابُ دارِ رِضا زُجاج .
Qui est-elle ?	مَنْ هِيَ ؟
Qui étudie comprend.	مَنْ دَرَسَ فَهِمَ .
Qui prit le bus d'Alep ?	مَنْ رَكِبَ باصَ حَلَب ؟
Qui entend vibre (s'extasie).	مَنْ سَمِعَ طَرِبَ .

Qui conquit Gibraltar ?	مَنْ فَتَحَ جَبَلَ طارِق ؟
Combien sont les Arabes de France ?	كَمْ عَرَبُ فَرَنْسا ؟
Qui s'éprit du Mont-Liban ?	مَنْ عَشِقَ جَبَلَ لُبْنان ؟
Qui étudie retient.	مَنْ دَرَسَ حَفِظَ .

Corrigé du test de la séquence 225

Qui est le chah d'Iran ?	مَنْ شاهُ إيران ؟
Combien perdirent-ils ?	كَمْ خَسِروا ؟
Qui s'éprend veille.	مَنْ عَشِقَ سَهِرَ .
Papa et maman sont de Gibraltar.	بابا وَماما مِنْ جَبَلِ طارِق .
Riḍā remercia et s'en fut.	شَكَرَ رِضا وَذَهَبَ .
Shéhérazade est d'Égypte non du Liban.	شَهْرَزادُ مِنْ مِصْر لا مِنْ لُبْنان .
La porte de la maison de Su`ād est ouverte.	بابُ دارِ سُعاد مَفْتوح .
Il est à Madrid non à Paris.	هُوَ في مَدْريد لا في باريس .
Papa ! Le bus d'Alep est parti !	يا بابا ! ذَهَبَ باصُ حَلَب !
Su`ād ! Qui cassa la porte de Riḍā ?	يا سُعادُ ! مَنْ كَسَرَ بابَ رِضا ؟
Papa ! Qui est le père de Ḥasan ?	يا بابا ! مَنْ والِدُ حَسَن ؟
Riḍā ! Qui entendit le chien de maman ?	يا رِضا ! مَنْ سَمِعَ كَلْبَ ماما ؟
Maman ! Qui est l'amant de Su`ād ?	يا ماما ! مَنْ عاشِقُ سُعاد ؟
Su`ād ! Qui est né à Cana ?	يا سُعادُ ! مَنْ وُلِدَ في قانا ؟
Elles deux ouvrirent un restaurant de falafels.	فَتَحَتا مَطْعَمَ فَلافِل .

Qu'ont-ils mangé au restaurant de Ḥasan ?	ما أَكَلوا في مَطْعَمِ حَسَن ؟
Qu'ont-ils (eux 2) perdu au souk de Fès ?	ما خَسِرا في سوقِ فاس ؟

Corrigé du test de la séquence 227

Elle mangea et ne remercia pas.	أَكَلَتْ وَما شَكَرَتْ .
Oui, papa, elle étudia et ne comprit pas.	نَعَمْ، يا بابا، دَرَسَتْ وَما فَهِمَتْ .
L'aéroport de Beyrouth est proche.	مَطارُ بَيْروت قَريب .
Le sérail de Beyrouth est grand.	سَرايُ بَيْروت كَبير .
Le chien de Riḍā est étrange.	كَلْبُ رِضا غَريب .
Eux deux s'en furent.	ذَهَبا .
C'est l'ambassadeur du Canada.	هُوَ سَفيرُ كَنَدا .
Oui, Ḥasan, la porte d'Amina est ouverte.	نَعَمْ، يا حَسَن، بابُ أَمينَة مَفْتوح .
Riḍā est venu de Tyr.	جاءَ رِضا مِنْ صور .
Su`ād est venue d'Égypte.	جاءَتْ سُعادُ مِنْ مِصْر .
Elles deux vinrent (au mois de) Rajab.	جاءَتا في رَجَب .
Il est de France et nous du Liban.	هُوَ مِنْ فَرَنْسا وَنَحْنُ مِنْ لُبْنان .
Elle est d'Égypte non de Tunisie.	هِيَ مِنْ مِصْر لا مِنْ تونِس .
Enfant ! Qui mange grandit.	يا وَلَد ! مَنْ أَكَلَ كَبُرَ .
Elle mangea un kilo de carottes et fut repue.	أَكَلَتْ كيلو جَزَر وَشَبِعَتْ .
Eux 2 cherchèrent dans le cahier de Ḥasan.	بَحَثا في دَفْتَرِ حَسَن .
Il est de Tyr au Liban.	هُوَ مِنْ صور في لُبْنان .

Table des matières

Imprimé en Italie par «La Tipografica Varese Srl» Varese